***ADOLESCENTE
E ATO INFRACIONAL***
Medida socioeducativa é pena?

Wilson Donizeti Liberati

ADOLESCENTE E ATO INFRACIONAL
Medida socioeducativa é pena?

2ª edição

MALHEIROS EDITORES

ADOLESCENTE E ATO INFRACIONAL
Medida socioeducativa é pena?
© WILSON DONIZETI LIBERATI

1ª edição, 2003.

ISBN 978-85-392-0138-9

Direitos reservados desta edição por
MALHEIROS EDITORES LTDA.
Rua Paes de Araújo, 29, conjunto 171
CEP 04531-940 – São Paulo – SP
Tel.: (11) 3078-7205 – Fax: (11) 3168-5495
URL: www.malheiroseditores.com.br
e-mail: malheiroseditores@terra.com.br

Composição
PC Editorial Ltda.

Capa
Criação: Vânia Lúcia Amato
Arte: PC Editorial Ltda.

Impresso no Brasil
Printed in Brazil
06-2012

APRESENTAÇÃO

Nunca tive facilidade para apresentar qualquer livro. Especialmente quando tenho alguma participação – ainda que acessória – em sua consecução. Na realidade, na condição de Orientador do Autor junto ao Programa de Pós-Graduação da Universidade do Oeste Paulista/UNOESTE, deveria estar externando minha felicidade por ver publicado o trabalho de dissertação de Wilson Donizeti Liberati.

Minha falta de jeito é grande, eu já o disse. Particularmente em face do orgulho que me assoma em ver o resultado de um trabalho de quase três anos ser tão bem sucedido. O Autor, ao ser examinado por rigorosa Banca, composta por Eduardo Reale Ferrari, Doutor pela PUC/SP, e Sérgio Seiji Shimura, Doutor pela mesma Universidade, obteve a nota máxima na defesa de sua dissertação de Mestrado. Não é por outra razão que o destino daquele trabalho não poderia ser outro senão ganhar o conhecimento do grande público.

A principal razão, no entanto, do meu desjeito é que o conteúdo do trabalho começou a ser concebido de uma provocação. "Desafio" não seria a palavra certa, pois significaria qualquer forma de incitação à realização do trabalho. O verdadeiro vocábulo é, mesmo, "provocação" – contemplava um certo sorriso por detrás dos meus lábios. Será que alguém, profundo conhecedor do Estatuto da Criança e do Adolescente, pessoa que já o comentou em livros e artigos, defensor do Estado Democrático de Direito e do respeito à dignidade dos cidadãos e, em especial, dos adolescentes infratores, teria a coragem de afirmar que as medidas socioeducativas previstas no Estatuto têm caráter sancionatório e, em certa medida, retributivo ao ato infracional cometido?

Wilson não só respondeu que sim, mas fê-lo com maestria. Sua sapiência única permitiu aceitar a boa provocação e desenvolver um trabalho singular na doutrina pátria. A perspectiva adotada, a partir dos documentos internacionais subscritos pelo Brasil na esfera da infância, conduziu, com mão firme, o trabalho à abordagem dogmática. E, aqui, o Autor mostra todo seu conhecimento sobre o assunto, firmando uma invulgar opinião. Não me cabe, aqui, repetir o que será lido em seguida – razão pela qual deixo de falar sobre uma obra que todo leitor poderá avaliar.

Para finalizar, gostaria de acrescentar o quanto aprendi com o livro, que ora se publica, e com seu Autor. E nossa convivência me fez lembrar as sábias palavras de Albert Camus, Prêmio Nobel de Literatura e também grande filósofo existencialista, quando dizia: "O importante não é aquilo que fazem de nós; mas sim aquilo que fazemos daquilo que fazem de nós".

Parabéns, caro Wilson, por ter feito de uma provocação uma obra tão completa e arguta quanto aquela que o leitor terá a oportunidade de ler.

PROF. DR. SÉRGIO SALOMÃO SHECAIRA

SUMÁRIO

Apresentação (PROF. DR. SÉRGIO SALOMÃO SHECAIRA)	5
Nota à 1ª edição	9
Nota à 2ª edição	11
1. INTRODUÇÃO	13
2. OS DIREITOS DA CRIANÇA E DO ADOLESCENTE	17
2.1 Os principais documentos internacionais de proteção à criança	18
2.1.1 Declaração Universal dos Direitos Humanos	20
2.1.2 Declaração dos Direitos da Criança	21
2.1.3 Pacto Internacional dos Direitos Civis e Políticos	22
2.1.4 Convenção Americana sobre Direitos Humanos/Pacto de San José da Costa Rica	22
2.1.5 Regras Mínimas das Nações Unidas para a Administração da Justiça Juvenil/Regras Mínimas de Beijing	23
2.1.6 Diretrizes das Nações Unidas para a Prevenção da Delinquência Juvenil/Diretrizes de Riad	26
2.1.7 Regras Mínimas das Nações Unidas para Proteção de Jovens Privados de Liberdade	28
2.1.8 Convenção sobre os Direitos da Criança	33
2.1.9 Declaração Mundial sobre a Sobrevivência, a Proteção e o Desenvolvimento das Crianças nos Anos 90	35
2.1.10 X Cúpula Ibero-Americana de Chefes de Estado e de Governo/Declaração do Panamá: "Unidos pela Infância e Adolescência, Base da Justiça e da Equidade no Novo Milênio"	37
2.2 Principais documentos legais e instituições sociais e assistenciais de proteção dos direitos da criança e do adolescente no Brasil – Um breve histórico	40

8 ADOLESCENTE E ATO INFRACIONAL

3. *A Doutrina da Proteção Integral da Pessoa em Desenvolvimento* 53
4. *O Princípio Constitucional da Absoluta Prioridade* 59
5. *O Adolescente Autor de Ato Infracional e as Medidas Punitivas: a Intervenção Repressiva do Estado* 64
   - 5.1 *Decreto 17.943-A, de 1927/Código de Menores "Mello Mattos"* 66
   - 5.2 *Decreto-lei 3.799, de 1941/Serviço de Assistência a Menores (SAM)* 75
   - 5.3 *Decreto-lei 3.914, de 1941/Lei de Introdução ao Código Penal* 78
   - 5.4 *Decreto-lei 6.026, de 1943/Alteração do Decreto 17.943-A, de 1927* 80
   - 5.5 *Lei 4.513, de 1964/Fundação Nacional do Bem-Estar do Menor (FUNABEM)* 83
   - 5.6 *Lei 5.258, de 1967, com as alterações da Lei 5.439, de 1968/ Lei Relativa a Menores Infratores* 89
   - 5.7 *Lei 6.697, de 1979/Código de Menores* 92
     - 5.7.1 Advertência 96
     - 5.7.2 Entrega aos pais ou responsável, ou a pessoa idônea, mediante termo de responsabilidade 97
     - 5.7.3 Colocação em lar substituto 99
     - 5.7.4 Imposição do regime de liberdade assistida 100
     - 5.7.5 Colocação em casa de semiliberdade 102
     - 5.7.6 Internação em estabelecimento educacional, ocupacional, psicopedagógico, hospitalar, psiquiátrico ou outro adequado 104
   - 5.8 *Lei 8.069, de 1990/Estatuto da Criança e do Adolescente (ECA)* 109
     - 5.8.1 Advertência 119
     - 5.8.2 Obrigação de reparar o dano 121
     - 5.8.3 Prestação de serviços à comunidade 124
     - 5.8.4 Liberdade assistida 126
     - 5.8.5 Inserção em regime de semiliberdade 128
     - 5.8.6 Internação em estabelecimento educacional 130
   - 5.9 *Sistema Nacional de Atendimento Socioeducativo (SINASE)* 136
6. *Considerações Finais* 148

Bibliografia 153

NOTA À 1ª EDIÇÃO

Este trabalho foi apresentado, originalmente, como dissertação de Mestrado em Direito, em março/2002, na Universidade do Oeste Paulista, em Presidente Prudente/SP, sendo aprovado com nota máxima.

Para sua publicação, foram feitas algumas correções, originadas da análise e sugestões oferecidas pela Banca Examinadora, constituída pelos professores Drs. EDUARDO REALE FERREIRA e SÉRGIO SEIJI SHIMURA – a quem agradeço o estímulo e consideração –, tendo como seu Presidente o Orientador, professor Dr. SÉRGIO SALOMÃO SHECAIRA.

O presente trabalho surgiu de uma provocação do Orientador – exímio conhecedor do direito penal – sobre a exata definição da natureza jurídica das medidas aplicadas aos infratores menores de 18 anos. Em sua legítima e eficaz provocação, o Orientador instigou-me a pesquisar, mais profundamente, sobre o verdadeiro significado da medida socioeducativa, sob o aspecto desmistificante de uma medida "protetivo-tutelar" – no sentido antigo do instituto –, para uma visão contemporânea e científica da resposta do Estado à infração praticada por adolescentes.

Surgiu, então, o debate – e, com ele, a conclusão serena de que a medida socioeducativa tem os mesmos atributos da pena, com exceção da culpabilidade (em termos legais), acrescida de uma nova maneira de concretizar sua execução, pela manifestação "socioeducativa" e pela finalidade inibidora da reincidência.

Além de muito aprendizado, pesquisar esse tema fez-me reconhecer uma nova maneira de estudar o Estatuto da Criança e do Adolescente: com os pés no chão, vendo a realidade e cotejando a experiência de mais de 14 anos como Promotor de Justiça da Infância e da Juventude.

Como disse meu Orientador, devemos deixar de usar "eufemismos" no estudo do direito da criança e do adolescente: devemos considerá-lo como um direito autônomo, dando-lhe lugar de destaque no sistema jurídico. Para isso, a pesquisa deveria ser realista e considerar que a medida socioeducativa, na prática, não passava da aplicação de pena criminal disfarçada. Esta foi a provocação aceita por mim depois de muita resistência, pois minha visão do Estatuto não permitia incluir ou analisar conjuntamente os institutos da lei penal e os do Estatuto. Foi uma ótima experiência, que me trouxe amadurecimento.

Neste momento, aproveito para agradecer a meus colegas de curso, Drs. CLÁUDIO RIBEIRO LOPES, FERNANDO CELSO GARDESANI GUASTINI, ROSA MARIA GUIMARÃES ALVES, RACHEL LOPES QUEIROZ CHACUR, ADRIANO CALDEIRA, GILBERTO LIGEIRO e sua esposa ADRIANA e PEDRO TEÓFILO DE SÁ; e às professoras Dras. NEIDE APARECIDA ZAMUNER BARRIOS e MARÍLIA GOMES CAMPOS LIBÓRIO, que me incentivaram e torceram comigo na defesa pública da dissertação.

É preciso registrar, ainda, minha gratidão à minha família, que mais uma vez abriu mão de seu precioso tempo para que eu pudesse me dedicar mais à pesquisa. À minha esposa, MARIA JOSÉ, e aos meus filhos, MARIA CAROLINA e GABRIEL, minha gratidão e meu pedido de perdão pelos momentos subtraídos ao convívio familiar. Prometo-lhes que ainda irei recompensá-los.

À minha irmã, REGINA, Chefe da Biblioteca da Universidade do Oeste Paulista, minha gratidão pela imensa ajuda e presteza em localizar os livros e revistas necessários à pesquisa.

Em especial, gostaria de agradecer a meu Orientador, o professor Dr. SÉRGIO SALOMÃO SHECAIRA. Mais que um Orientador, ele foi Amigo. Por ser Amigo ao extremo, não respeitou meus limites; fez-me meditar, pesquisar, estudar até a exaustão, proporcionando-me uma visão do Direito que antes eu não contemplava. Posso dizer que, hoje, cresci fortalecido e incentivado pelo meu Amigo e Orientador, professor SHECAIRA. Obrigado, Amigo!

O AUTOR

NOTA À 2ª EDIÇÃO

É com prazer que vejo 2ª edição deste trabalho publicado pela Malheiros Editores. Foi necessário um ajuste no texto em face do advento da Lei n. 12.594/2012 que instituiu o Sistema Nacional de Atendimento Socioeducativo-SINASE. O Estatuto não se preocupou em estabelecer as regras processuais da execução de medidas socioeducativas. Com o advento dessa lei é possível clarear o processo de execução das medidas socioeducativas que, até então, era desenvolvido de forma diferenciada em todo o território nacional e, muitas vezes, mercê de medidas tomadas espontaneamente por operadores do direito e técnicos sociais, colocando em risco as garantias processuais penais deferidas ao adolescente a quem se atribuía a autoria de atos infracionais.

Março de 2012

O Autor

1
INTRODUÇÃO

A Lei 8.069/1990, mais popularmente conhecida por "Estatuto da Criança e do Adolescente/ECA", foi um marco legislativo em nossa ordem jurídica. Para destacar a mais profunda e significante mudança, a citada lei, buscando sua inspiração na Convenção sobre os Direitos da Criança, promovida pela Assembleia-Geral das Nações Unidas/ONU em 20.11.1989, declarou que a criança e o adolescente seriam tratados, juridicamente, como sujeitos de direitos.

O estigma da ausência de proteção dos direitos da criança e do adolescente dá lugar, agora, à Teoria Jurídica da Proteção Integral, considerando prioridade absoluta o atendimento de todos os seus direitos, dispensando atenção, particularmente, à sua especial condição de desenvolvimento pessoal e social.

Sob esse novo enfoque, a criança e o adolescente passam a ser protagonistas de seu próprio direito: gravado no art. 227 da CF, o direito fundamental de serem atendidos em suas necessidades e direitos, com absoluta prioridade, e pugnando pelo seu melhor interesse, garantindo, assim, o acesso pleno à cidadania.

O trabalho orienta sua preocupação para a natureza jurídica das medidas aplicadas aos menores de 18 anos quando em conflito com a lei, e em especial das medidas socioeducativas instituídas pelo Estatuto da Criança e do Adolescente.

Esta pesquisa insere-se num contexto progressivo de constante amadurecimento em relação às primeiras abordagens do tema, que há muito tem sido a preocupação do pesquisador. De tão importantes, as medidas aplicadas aos infratores podem representar a contenção e a privação de sua liberdade, bem jurídico fundamental do adolescente, que deve ser garantido com máxima prioridade.

Verificou-se, ainda, que, no decorrer da história do direito da criança e do adolescente, o Estado, de uma forma ou de outra, aplicou "medidas" aos infratores, fazendo com que se tornasse possível estabelecer uma comparação com as atuais, previstas no Estatuto da Criança e do Adolescente.

Com pesquisa histórica, bibliográfica e documental, o tema foi desenvolvido, por meio dos métodos comparativo e dedutivo, focalizando a evolução da intervenção estatal na Justiça Juvenil, principalmente quando o menor de 18 anos era considerado autor de infração penal. Alerta-se que a terminologia técnica empregada no presente estudo tentou conservar a originalidade conceitual, gravando-a conforme os dispositivos legais da época, tais como "menor", "pátrio poder" etc.

Dentro do método comparativo, o trabalho procurou discutir a natureza jurídica das medidas, mediante a intervenção legislativa e contextualizada, no plano da realidade cotidiana, fixando forte definição sancionatória, mas desenvolvida com métodos pedagógicos.

Pelo método dedutivo, permitiu que se firmasse uma conclusão direcionada para o caráter impositivo, sancionatório e retributivo das medidas.

O tema permitiu que o trabalho fosse dividido em quatro capítulos, acrescidos de uma Introdução e de uma conclusão (Considerações Finais).

O primeiro capítulo trata, de forma universal, dos direitos da criança e do adolescente, buscando, na análise dos principais documentos internacionais, a preocupação dos povos em proteger os direitos da criança. Aqui, apresenta-se um rol de tratados, pactos, convenções e declarações que subsidiaram um novo movimento visando à proteção dos direitos infantojuvenis.

O segundo capítulo trata da doutrina da proteção integral da pessoa em desenvolvimento. Destaca-se essa doutrina pelo surpreendente ineditismo em comparação com os sistemas anteriores, quando o legislador do Estatuto da Criança e do Adolescente considera a criança e o adolescente como protagonistas de seus próprios direitos, cujo destaque ocorre em virtude de sua condição peculiar de pessoas em desenvolvimento.

O terceiro capítulo aborda o princípio constitucional da absoluta prioridade no atendimento dos direitos da criança e do adolescente. Insculpido no art. 227 da CF, esse princípio determina que todas as ações relativas à criança levadas a efeito por instituições públicas ou privadas, tribunais, autoridades administrativas ou órgãos legislativos devem con-

INTRODUÇÃO 15

siderar, primordialmente (com absoluta prioridade), o interesse superior da criança.

O quarto capítulo trata da matéria específica pretendida na pesquisa: o adolescente autor de ato infracional e as medidas impostas pelo Estado. A análise documental e histórica da aplicação dessas medidas ampara-se na legislação pátria, a partir do Decreto 17.943-A/1927, conhecido por "Código de Menores Mello Mattos", por ser considerado, em nossa legislação, o primeiro "Código" ou "Consolidação" de leis referentes aos direitos das crianças e adolescentes. Descartam-se, portanto, as orientações legislativas mais antigas, encerrando-se o estudo com a mais recente Lei 8.069/1990, que instituiu o Estatuto da Criança e do Adolescente.

Finalmente, após uma retrospectiva da intervenção estatal pela prática do ato infracional por menores de 18 anos, apresenta-se uma conclusão, que não pretende ser definitiva, em virtude da crescente discussão que cerca o tema. E nessa conclusão se vê que todas as medidas aplicadas aos infratores menores de 18 anos, desde o Código de Menores Mello Mattos até a Lei 6.697/1979, se apresentavam com caráter protetivo-tutelar, preventivo, de tratamento e cura.

Na realidade, aquelas medidas tinham natureza eminentemente tutelar, de caráter sancionatório-punitiva e, por vezes, retributiva. Ou seja, o infrator era chamado a "responder" pela prática do ato infracional, frente às disposições contidas nas leis. As medidas aplicadas aos menores da época tinham na institucionalização a resolução do "problema do menor".

O Estatuto da Criança e do Adolescente, por sua vez, não especificou a natureza jurídica das medidas que adotou. Pela análise do tema e pela própria identidade ideológica que cercou a construção daquela norma, percebe-se que o legislador quis dar nova conotação à resposta estatal em face do descumprimento de regra de conduta social. Ou seja: o infrator seria coagido a ajustar sua conduta, por imposição do Estado, em virtude do ilícito praticado.

Tanto nos idos de 1927 quanto nos de 1979 e, agora, sob a égide do Estatuto da Criança e do Adolescente, a manifestação do Estado ao reprimir o ato infracional praticado por menores de 18 anos de idade manteve-se quase inalterada no que diz respeito a "proteger o menor". Essa "proteção" integralizou-se na nova doutrina da completude de direitos, inaugurada pela Convenção sobre os Direitos da Criança e acolhida por nossa Constituição.

O que se alterou – confirma-se – foram os métodos de aplicação das medidas. Agora, as medidas socioeducativas, embora carregadas com a natureza impositiva, sancionatória e retributiva, são aplicadas com finalidade educativa e como pretexto inibidor da reincidência, seguindo o preceito exarado no art. 100 do Estatuto.

Para contribuir na discussão do tema, finaliza-se o estudo considerando-se que a medida socioeducativa é a manifestação do Estado, em resposta ao ato infracional praticado por menores de 18 anos, de natureza jurídica impositiva, sancionatória e retributiva, cuja aplicação objetiva inibir a reincidência, desenvolvida com finalidade pedagógico-educativa.

2
OS DIREITOS DA CRIANÇA E DO ADOLESCENTE

2.1 Os principais documentos internacionais de proteção à criança: 2.1.1 Declaração Universal dos Direitos Humanos – 2.1.2 Declaração dos Direitos da Criança – 2.1.3 Pacto Internacional dos Direitos Civis e Políticos – 2.1.4 Convenção Americana sobre Direitos Humanos/Pacto de San José da Costa Rica – 2.1.5 Regras Mínimas das Nações Unidas para a Administração da Justiça Juvenil/Regras Mínimas de Beijing – 2.1.6 Diretrizes das Nações Unidas para a Prevenção da Delinquência Juvenil/Diretrizes de Riad – 2.1.7 Regras Mínimas das Nações Unidas para Proteção de Jovens Privados de Liberdade – 2.1.8 Convenção sobre os Direitos da Criança – 2.1.9 Declaração Mundial sobre a Sobrevivência, a Proteção e o Desenvolvimento das Crianças nos Anos 90 – 2.1.10 X Cúpula Ibero-Americana de Chefes de Estado e de Governo/ Declaração do Panamá: "Unidos pela Infância e Adolescência, Base da Justiça e da Equidade no Novo Milênio". 2.2 Principais documentos legais e instituições sociais e assistenciais de proteção dos direitos da criança e do adolescente no Brasil – Um breve histórico.

Os direitos infantojuvenis tiveram evolução significativa no decorrer da História, que partiu de uma concepção niilista da criança – ou seja: a criança não era considerada no mundo jurídico – para a construção de uma ordem jurídica onde a criança e o adolescente figuram como protagonistas.

O presente estudo procura reunir não exatamente documentos sobre a gênese do direito da criança no universo jurídico, mas a legislação mais significativa e contemporânea, como os tratados e convenções internacionais – principalmente aquelas propostas pela Organização das Nações Unidas/ONU –, culminando com um breve histórico sobre a legislação pátria, destacando os mecanismos de intervenção do Estado como resposta à prática de infração penal por menores de 18 anos.

Em 13.7.1990 uma nova lei surgiu no ordenamento jurídico brasileiro; recebeu o n. 8.069 e entrou em vigor em 12 de outubro do mesmo ano. Nasceu ela da necessidade de regulamentar o art. 227 da CF, que reunia a aspiração da comunidade internacional, esposada na Convenção sobre os Direitos da Criança e, particularmente, no anseio da comunidade jurídica nacional de ter instrumentos mais eficazes para a proteção dos direitos de crianças e de adolescentes.

Não se tratou, porém, de mais uma lei, mas de um conjunto de regras direcionadas à proteção e garantia dos direitos de crianças e adolescentes, cuja construção se deu por meio do esforço de milhares de pessoas e comunidades comprometidas com uma nova prática do Direito.

Essa nova lei não foi erigida sob a forma de *Código*, mas sob o título de "Estatuto", rompendo com o rigorismo terminológico, para dar novo significado ao conjunto de regras a que se propunha: estabelecer o rol de garantias jurídicas de uma parcela especial da população – crianças e adolescentes.

Ao constituir seu foco de preocupação, a nova lei destinou particular atenção ao ponto diferencial desses sujeitos de direito: sua particular situação de pessoas em desenvolvimento. Assim, crianças e adolescentes são considerados pela Constituição Federal e pelo Estatuto da Criança e do Adolescente uma nova categoria de sujeitos de direitos, cuja característica reside na sua condição peculiar de pessoas em desenvolvimento.

Entretanto, com o fim de estabelecer um traçado histórico da evolução da intervenção do Estado no que diz respeito à aplicação de medidas aos menores de 18 anos, notadamente à sua natureza jurídica, a pesquisa foi buscar arrimo nas principais convenções e tratados internacionais e leis nacionais, a partir da primeira consolidação da legislação sobre menores, que resultou no Decreto 17.943-A, em 1927 – conhecido por "Código de Menores Mello Mattos" –, até a Lei 8.069/1990 – Estatuto da Criança e do Adolescente (ECA).

2.1 Os principais documentos internacionais de proteção à criança

No decorrer de toda a História, pelo menos a partir do Código de Hamurabi,[1] a Humanidade preocupou-se com instituir mecanismos de

---

1. Cf. Henri-Paul Eydoux, *À Procura dos Mundos Perdidos – As Grandes Descobertas Arqueológicas*, São Paulo, Edições Melhoramentos/EDUSP, 1973, p. 53.

OS DIREITOS DA CRIANÇA E DO ADOLESCENTE 19

proteção dos direitos; e, particularmente, com a Revolução Francesa, os direitos individuais. Nessa codificação foram consagrados os direitos mais comuns a todos os homens, como a vida, a propriedade, a honra, a dignidade, a família.

Neste trabalho, entretanto, busca-se delimitar a amplitude histórica dos mecanismos de proteção à criança, fixando nos documentos mais recentes e importantes da comunidade internacional a origem dos princípios fundantes do novo paradigma garantista.

Porém, pelo uso indiscriminado e pela multiplicidade terminológica, aparentemente com o mesmo sentido, é importante fixarem-se alguns conceitos. Assim, "tratado" é empregado para aqueles ajustes solenes cujo objeto, fim, número e poder das partes contratantes têm maior importância, por criarem situações jurídicas; "convenção" é sinônimo de tratado, mais comumente empregado nos acordos que criam ou estabelecem normas gerais – ou seja: utiliza-se o termo para os atos multilaterais, oriundos de conferências internacionais, que tratam de assuntos de interesse geral; a "declaração" é utilizada em acordos que fixam determinadas regras ou princípios jurídicos ou, ainda, para as normas de direito internacional que indicam posição política comum; "carta" é o termo empregado para estabelecer os instrumentos constitutivos de organizações internacionais; "acordo" é empregado para designar tratados de natureza econômica, financeira, comercial ou cultural, podendo, contudo, dispor sobre segurança recíproca, projetos de desarmamento, questões de fronteiras, arbitramento etc.; por "pacto" entende-se a celebração de atos solenes que são utilizados para restringir o objeto político de um tratado.[2]

Para subsidiar a pesquisa, foi necessário fazer um resgate histórico dos seguintes documentos internacionais: a Declaração Universal dos Direitos Humanos e, em seguida, a Declaração dos Direitos da Criança, o Pacto Internacional dos Direitos Civis e Políticos, a Convenção Americana sobre Direitos Humanos/Pacto de San José da Costa Rica, as Regras Mínimas das Nações Unidas para a Administração da Justiça de Menores/ Regras de Beijing, as Diretrizes das Nações Unidas para a Prevenção da Delinquência Juvenil/Diretrizes de Riad, as Regras das Nações Unidas para Proteção de Jovens Privados de Liberdade, a Convenção sobre os

---

Hamurabi foi um grande rei, que governou de 1792 a 1750 a.C. O *Código* é um enorme bloco de basalto, de 2,25m de altura. Está coroado por um relevo representando o rei Hamurabi diante de Chamach, deus-sol e deus da Justiça, que vai à montanha ditar o repertório de leis.

2. Cf. Valério de Oliveira Mazzuoli, *Tratados Internacionais*, São Paulo, ed. Juarez de Oliveira, 2001, pp. 26-31.

Direitos da Criança, a Declaração Mundial sobre a Sobrevivência, a Proteção e o Desenvolvimento das Crianças nos Anos 90, concluindo com a X Cúpula Ibero-Americana de Chefes de Estado e de Governo/Declaração do Panamá: "Unidos pela Infância e Adolescência, Base da Justiça e da Equidade no Novo Milênio".[3]

2.1.1 Declaração Universal dos Direitos Humanos

Adotada e proclamada pela Resolução 217-A (III) da Assembleia-Geral das Nações Unidas, em 10.12.1948, a Declaração Universal dos Direitos Humanos foi um dos principais marcos legais de garantia dos direitos de todos os cidadãos, inclusive da criança. Foi ratificada pelo Brasil em 10.12.1948.

Finda a II Grande Guerra Mundial, a ONU viu-se compelida a pactuar com os Estados um tratado de paz, liberdade, justiça, respeito aos direitos dos homens, dignidade e garantia da vida humana.

Dentre as garantias esposadas na Declaração, destacam-se: o nascimento de todas as pessoas como livres, iguais em dignidade e direitos; com aptidão e capacidade para gozar os direitos e liberdades estabelecidos na Declaração, sem qualquer distinção de raça, cor, sexo, língua, religião, opinião política ou de qualquer natureza, origem nacional ou social, riqueza, nascimento ou qualquer outra condição; com direito à vida, liberdade de locomoção e à segurança pessoal, ninguém podendo ser mantido em escravidão ou servidão ou submetido a tortura nem a castigo cruel, desumano ou degradante, nem ser preso, detido ou exilado arbitrariamente; toda pessoa terá o direito de ser, em todos os lugares, reconhecida como pessoa perante a lei; com igualdade de todos perante a lei, com igualdade de tratamento perante os tribunais; com a garantia de que ninguém poderá ser culpado por qualquer ação ou omissão que, no momento, não constituam delito perante o tribunal, nem submetido a pena mais forte que aquela que, então, era aplicável ao ato delituoso;

---

3. Sobre a força normativa dos tratados, cf.: Valério de Oliveira Mazzuoli, *Direito Internacional: Tratados e Direitos Humanos Fundamentais na Ordem Jurídica Brasileira*, Rio de Janeiro, América Jurídica, 2001, pp. 63-94; Flávia Piovesan, *Direitos Humanos e o Direito Constitucional Internacional*, 4ª ed., São Paulo, Max Limonad, 2000, pp. 148-152; José Afonso da Silva, *Poder Constituinte e Poder Popular: Estudos sobre a Constituição*, 1ª ed., 3ª tir., São Paulo, Malheiros Editores, 2007, pp. 188-206; Mauro Ferradin, *Ato penal juvenil – Aplicabilidade dos princípios e garantias do ato penal*, Curitiba, Juruá, 2009, pp. 25 e ss.; Sérgio Salomão Shecaira, *Sistema de garantias e o direito penal juvenil*, São Paulo, Ed. RT, 2008, pp. 47 e ss.

com proteção de sua intimidade, de sua privacidade, no seu lar e em sua correspondência.

Garante, ainda, a Declaração que toda pessoa tem direito a uma nacionalidade, à propriedade, ao trabalho, à segurança social, ao repouso e ao lazer. Permite, também, a Declaração o direito à liberdade de pensamento, consciência e religião, à liberdade de opinião e expressão, à liberdade de reunião e associação.

Reserva a Declaração um precioso espaço para a garantia dos direitos fundamentais de convivência comunitária e familiar, com apoio à maternidade, à saúde e bem-estar, alimentação, vestuário, habitação, cuidados médicos e serviços sociais indispensáveis e à educação.

A Declaração Universal dos Direitos Humanos é, em suma, um tratado de garantia e respeito à vida e à liberdade, que – atributos, que são, de todo homem –, constituem, também, fundamento do direito da criança.

2.1.2 Declaração dos Direitos da Criança

A antiga Liga das Nações, hoje Organização das Nações Unidas/ ONU, firmou em Genebra, em 26.9.1924, a Declaração dos Direitos da Criança, adotada e proclamada, posteriormente, pela Assembleia-Geral em 20.11.1959, por meio da Resolução 1.386 (XIV), da qual o Brasil é um dos Estados Signatários.

A Declaração – condensada em 10 Princípios cuidadosamente elaborados e redigidos – afirma os direitos da criança à proteção especial e que lhe sejam propiciadas oportunidades e facilidades capazes de permitir seu desenvolvimento de modo sadio e normal e em condições de liberdade e dignidade. Ainda assegura o direito a um nome e a uma nacionalidade, a partir do nascimento; a gozar dos benefícios da Previdência Social, inclusive alimentação, habitação, recreação e assistência médica adequadas. No caso de crianças defeituosas ou incapacitadas, assegura a Declaração o direito de receberem o tratamento, a educação e os cuidados especiais exigidos por sua condição peculiar. A Declaração garante à criança criar--se num ambiente de afeto e segurança e, sempre que possível, sob os cuidados e a responsabilidade dos pais; receber educação; figurar entre os primeiros a receber proteção e socorro em caso de calamidade pública; proteção contra todas as formas de negligência, crueldade e exploração; e proteção contra todos os atos que possam dar lugar a qualquer forma de discriminação.

Em especial, a Declaração firma o pressuposto da peculiar condição de pessoa em desenvolvimento da criança, em decorrência de sua imaturidade física e mental, necessitando de proteção e cuidados especiais, inclusive proteção legal apropriada, antes e depois do nascimento.

Os direitos estabelecidos na Declaração são considerados como princípios programáticos ou de natureza moral, que não representam obrigações para os Estados, propondo, apenas, sugestões, de que os Estados poderão se utilizar, ou não.

2.1.3 Pacto Internacional dos Direitos Civis e Políticos

Adotado pela Resolução 2.200-A (XXI) da Assembleia-Geral das Nações Unidas, em 16.12.1966, ratificado pelo Brasil em 24.1.1992, aprovado pelo Decreto Legislativo 226, de 12.12.1991, promulgado pelo Decreto 592, de 6.7.1992, o Pacto Internacional dos Direitos Civis e Políticos – com força normativa interna – não se esqueceu de privilegiar a proteção à infância.

Reafirmando o conteúdo da Carta das Nações Unidas, de 26.6.1945, e da Declaração Universal dos Direitos Humanos e considerando, ainda, a situação política da época, de crescente mobilização popular em defesa dos direitos civis e políticos, principalmente nos Estados Unidos, o Pacto reafirmou a garantia de reconhecimento da dignidade inerente a todos os membros da família humana e dos seus direitos iguais e inalienáveis.

Especificamente, o Pacto alinha, nos arts. 23 e 24, a proteção à família: no primeiro, o Pacto celebra a união conjugal, por meio da família, considerando-a "núcleo natural e fundamental da sociedade", com o direito de ser protegida pela sociedade e pelo Estado; o direito de contrair o casamento é reconhecido ao homem e à mulher, livres e plenos em seu consentimento; no segundo, reforça a garantia de direitos da criança, já anunciada nas Declarações anteriores, propondo que toda criança terá direito – sem discriminação alguma por motivo de cor, sexo, língua, religião, origem nacional ou social, situação econômica ou nascimento – às medidas de proteção que sua condição de menor requer por parte de sua família, da sociedade e do Estado; garante, ainda, que toda criança deverá ser registrada imediatamente após seu nascimento e deverá receber um nome, além de ter direito a uma nacionalidade.

2.1.4 Convenção Americana sobre Direitos Humanos/ Pacto de San José da Costa Rica

Referendando os dispositivos da Carta da Organização dos Estados Americanos/OEA, da Declaração Americana dos Direitos e Deveres do

Homem e da Declaração Universal dos Direitos Humanos, os Estados Americanos firmaram a Convenção Americana sobre Direitos Humanos, também denominada *Pacto de San José da Costa Rica*, em 22.11.1969, que foi ratificada pelo Brasil, em 6.11.1992, pelo Decreto 678, de 6.11.1992.

Nos 82 artigos do Pacto, os Estados Americanos reafirmam o propósito de consolidar no Continente, dentro do quadro das instituições democráticas, um regime de liberdade pessoal e de justiça social, fundado no respeito aos direitos humanos essenciais.

O Pacto é dividido em três partes: "Deveres dos Estados e Direitos Protegidos", "Meios de Proteção" e "Disposições Transitórias". Na primeira parte situa-se o art. 19, onde os signatários afirmaram os direitos da criança: "Toda criança terá direito às medidas de proteção que a sua condição de menor requer, por parte de sua família, da sociedade e do Estado".

Lembra Alexandre de Moraes: "Diferentemente da Declaração Universal dos Direitos do Homem, o Pacto de San José da Costa Rica não traz somente normas de caráter material, prevendo órgãos competentes para conhecer dos assuntos relacionados com o cumprimento dos compromissos assumidos pelos Estados-Partes. Esses órgãos são a Comissão Interamericana de Direitos Humanos e a Corte Interamericana de Direitos Humanos".[4]

Com força normativa interna, o Pacto reforçou a posição de defesa dos direitos humanos, principalmente a garantia das instituições democráticas, o regime da liberdade individual e pessoal e de justiça social fundados no respeito aos direitos essenciais do ser humano.

2.1.5 *Regras Mínimas das Nações Unidas para a Administração da Justiça Juvenil/Regras Mínimas de Beijing*

As Regras das Nações Unidas sobre a Administração da Justiça de Menores, conhecidas como *Regras Mínimas de Beijing* (nome atual de Pequim), são o fruto do trabalho de vários anos: foram preparadas pelo Comitê Permanente da Assembleia das Nações Unidas, que estuda o problema da "prevenção do crime e do tratamento dos jovens infratores", e foram apresentadas para uma primeira discussão, em 1980, durante o 6º Congresso das Nações Unidas, que estava reunido na cidade de Caracas/

---

4. Alexandre de Moraes, *Direitos Humanos Fundamentais*, 3ª ed., São Paulo, Atlas, 2000, p. 39.

Venezuela, durante os dias 26.8 a 6.9.1985. O projeto definitivo foi concluído graças ao trabalho realizado pelas regiões de Beijing, em 1984.

Em setembro/1985 essas Regras foram aprovadas durante o 7º Congresso das Nações Unidas, realizado em Milão/Itália, sendo que suas conclusões foram adotadas, definitivamente, em 29.11.1985, pela Resolução 40/33. Esse documento enuncia os princípios básicos para a proteção aos direitos fundamentais de todo homem, inclusive do jovem infrator. Essas Regras representam, pois, a consideração das condições mínimas para o tratamento dos jovens infratores em qualquer parte do mundo. Como signatários, os Estados devem respeitá-las e integrá-las em suas leis internas.

A preocupação maior das Regras Mínimas era a proteção dos jovens pelo fato de estarem ainda no estado inicial do desenvolvimento de sua personalidade e necessitarem de assistência particular para se desenvolverem física e intelectualmente e para se integrarem, de maneira satisfatória, na sociedade; necessitam, ademais, ser protegidos pela lei dentro de condições que garantam a paz, sua liberdade, sua dignidade e sua segurança.

As Regras podem ser divididas em duas grandes partes, com o mesmo objetivo – a proteção aos direitos fundamentais do jovem infrator.

Na primeira parte estão as recomendações dirigidas aos Estados--Membros com o fim de criar novos meios necessários para proteção e reinserção social eficazes dos jovens infratores; na segunda são anunciadas as regras de proteção do jovem diante das instâncias de julgamento, relacionando os princípios gerais que devem ser seguidos pela Justiça e as garantias asseguradas aos jovens infratores. Em especial, as Regras propõem novos meios de atendimento, em particular medidas substitutivas àquelas de privação de liberdade.

As novas orientações dadas aos Governos referem-se (a) à especialização e à formação profissional dos vários intervenientes na área de proteção juvenil, a saber: juízes, promotores de justiça, advogados, trabalhadores sociais, educadores e outros; (b) ao desenvolvimento da pesquisa científica e de avaliações em matéria de política de tratamento dos jovens infratores, bem como das medidas efetivamente tomadas; (c) aos meios econômicos e recursos necessários e indispensáveis para assegurar a aplicação efetiva das Regras, em especial nas áreas de recrutamento, formação e intercâmbio de pessoal, da pesquisa científica e da avaliação, assim como da elaboração de novas alternativas às medidas privativas de liberdade; (d) as organizações governamentais e não governamentais devem ter lugar de destaque na política de tratamento dos jovens infratores, e se recomenda que elas tomem as medidas necessárias, no campo das suas respectivas competências, para conseguir mobilizar um esforço concentrado e contínuo com vistas à aplicação dos princípios enunciados nas Regras de Beijing.

Num segundo momento as Regras enumeram os princípios que visam a proteger o jovem no seu ambiente familiar e na comunidade. Esses princípios revelam a filosofia que norteia as Regras: prevenção e proteção social dos jovens, antes da passagem para a delinquência, evitando-se ao máximo a intervenção do sistema de justiça.

Dentre os princípios enumerados, destacam-se: (a) a defesa do bem--estar do menor e de sua família; (b) uma vida útil para o menor na comunidade, que lhe permita ter, durante o período de idade em que ele é mais vulnerável a um comportamento desviante, amparo para seu desenvolvimento pessoal, sua educação e sua formação para o trabalho; processo que o mantenha afastado, quanto possível, de todo contato com o crime e a delinquência; (c) a mobilização de todos os recursos disponíveis, especialmente da família, voluntários e outros grupos da comunidade, bem como da escola, com o fim de reduzir a necessidade de intervenção legal e com o fim de tratar de modo efetivo, equitativo e humano o menor em conflito com a lei; (d) o papel da Justiça de Menores, que deve ser parte integrante do processo de desenvolvimento nacional de cada País, no quadro geral da justiça social para todos os jovens; (e) o desenvolvimento e a coordenação dos serviços de Justiça de Menores, com vistas ao aperfeiçoamento da competência profissional dos funcionários desses serviços, de seus métodos, enfoques e atitudes.

Por outro lado, a fim de delimitar o campo de aplicação do conjunto de regras e noções utilizadas, o documento faz as seguintes definições:

(a) *Menor* – toda criança ou jovem que, de acordo com um sistema jurídico dado, não pode responder por uma infração segundo as modalidades aplicadas no caso de infração cometida por um adulto.

(b) *Delito* – todo comportamento (ação ou omissão) passível de sanção legal, de acordo com o respectivo sistema jurídico.

(c) *Delinquente juvenil* – uma criança ou um jovem acusado ou declarado culpado de ter cometido um delito (Regras de Beijing, n. 2.2).

As Regras de Beijing recomendam as garantias no processamento judicial e novas medidas de tratamento, com ênfase na substituição das medidas privativas de liberdade. Essas recomendações referem-se especificamente às garantias dos direitos fundamentais do jovem nas fases de investigação e processamento e aos novos tratamentos preconizados (Regras de Beijing, ns. 14 a 22).

Além das garantias constitucionais de processamento referentes a qualquer indivíduo, já universalmente adotadas pelos Estados, algumas garantias relativas ao jovem infrator são particularmente acentuadas, como: (a) o direito de ser informado das acusações; (b) o direito de receber assistência judiciária por advogado; (c) o direito de ter a presença dos pais ou responsáveis; (d) o direito à confrontação com as testemunhas e o direito de interrogá-las; (e) o direito de interpor recursos; (f) o direito à proteção de sua vida íntima, pela não publicidade dos debates e pela proibição de divulgação de qualquer informação sobre os fatos; (g) o direito de serem comunicadas de sua apreensão a autoridade judicial, a policial e seus pais ou responsáveis (Regras de Beijing, ns. 7 e 8).

As Regras propõem também que as medidas que restringem a liberdade somente devem ser utilizadas como último recurso, privilegiando aquelas de meio aberto, com fins educativos. Se forem necessárias, aquelas medidas deverão ser cumpridas em recintos distintos dos reservados aos adultos, onde os jovens possam receber cuidados, proteção e toda a assistência – social, educacional, profissional, psicológica, médica ou física – que requeiram, tendo-se em conta sua idade, sexo e personalidade.

Além das medidas privativas de liberdade, a autoridade judicial poderá determinar, por sentença, outras formas de tratamento, tais como: (a) assistência, orientação ou vigilância; (b) uma fase probatória ou de liberdade assistida; (c) participação em serviços comunitários; (d) multas, indenizações e restituições; (e) participação em atividades de cunho filantrópico ou de prestação de serviços à comunidade, de interesse coletivo; (f) colocação em lar substituto, em centro de convivência ou outro tipo de estabelecimentos educativos; (g) e outras pertinentes, adaptadas ao meio onde vive o jovem (Regras de Beijing, ns. 14, 15, 19, 23 e 24).

Embora não traduzam força normativa no Brasil, as Regras foram a base de orientação na constituição do Estatuto da Criança e do Adolescente em matéria de política criminal juvenil, oferecendo subsídios e princípios modernos, que privilegiam o respeito aos direitos fundamentais e a proteção social de uma parcela da população que está em um momento peculiar de desenvolvimento de sua existência.

*2.1.6 Diretrizes das Nações Unidas
para a Prevenção da Delinquência Juvenil/Diretrizes de Riad*

O 8º Congresso das Nações Unidas sobre Prevenção do Delito e Tratamento do Delinquente recordou que a Assembleia-Geral, em sua Resolução 40/35, de 29.11.1985, pediu que se elaborassem critérios sobre esse tema que fossem de utilidade para os Estados-Membros na formulação e execução de programas e políticas especializados, dando ênfase às atividades de assistência e cuidado e à participação da comunidade, pedindo ao Conselho Econômico e Social que informasse ao 8º Congresso das Nações Unidas sobre Prevenção do Delito e Tratamento do Delinquente os progressos feitos a respeito desses critérios, para que fossem examinados e se chegasse a uma decisão.

Recordou, do mesmo modo, a Resolução 1986/10 do Conselho Econômico e Social, de 21.5.1986, pela qual se pediu ao 8º Congresso que examinasse o projeto das diretrizes para a prevenção da delinquência juvenil, visando à sua aprovação, e se reconheceu ser necessário estabelecer critérios e estratégias nacionais, regionais e inter-regionais para prevenir a delinquência juvenil.

Afirmou, sobretudo, que toda criança goza de direitos humanos fundamentais, particularmente o acesso à educação gratuita.

Tendo presente o grande número de jovens que, estando ou não em conflito com a lei, se encontram abandonados, sem atenção, maltratados, expostos ao uso indevido das drogas, marginalizados e, em geral, expostos a risco social, o 8º Congresso, acima mencionado, estabeleceu as diretrizes para a prevenção da delinquência e para o bem-estar da comunidade, que se tornaram conhecidas como *Diretrizes de Riad*, por meio da Resolução 45/112, de 14.12.1990.

Foram estabelecidos os seguintes princípios fundamentais:

"1 – A prevenção da delinquência juvenil é parte essencial da prevenção do delito na sociedade. Dedicados a atividades lícitas, socialmente úteis, orientados rumo à sociedade e considerando a vida com critérios humanistas, os jovens podem desenvolver atitudes não criminais.

"2 – Para ter êxito, a prevenção da delinquência juvenil requer, por parte de toda a sociedade, esforços que garantam um desenvolvimento harmônico dos adolescentes, esforços, esses, que respeitem e promovam a sua personalidade, a partir da primeira infância.

"3 – Na aplicação das Diretrizes, os programas preventivos devem estar centralizados no bem-estar dos jovens, desde sua primeira infância, de acordo com os ordenamentos jurídicos nacionais.

"4 – É necessário que se reconheça a importância da aplicação de políticas e medidas progressistas de prevenção da delinquência, que evitem criminalizar e penalizar a criança por uma conduta que não cause grandes prejuízos ao seu desenvolvimento nem prejudique os demais.

"5 – Devem ser desenvolvidos serviços e programas com base na comunidade, para a prevenção da delinquência juvenil. Só em último caso se recorrerá a organismos mais formais de controle social."

Essas políticas e medidas deverão conter o seguinte:

"(a) Criação de meios que permitam satisfazer as diversas necessidades dos jovens e que sirvam de marco de apoio, com o intuito de velar pelo desenvolvimento pessoal de todos os jovens, particularmente daqueles que estejam, patentemente, em perigo ou em situação de insegurança social, necessitando de cuidado e proteção especiais.

"(b) Critérios e métodos especializados para a prevenção da delinquência, baseados nas leis, nos processos, nas instituições, nas instalações e uma rede de prestação de serviços, cuja finalidade seja a de reduzir os motivos, a necessidade e as oportunidades de cometer infrações ou as condições que as propiciem.

"(c) Uma intervenção oficial cuja principal finalidade seja a de velar pelo interesse geral do jovem, que se inspire na justiça e na equidade.

"(d) Proteção do bem-estar, do desenvolvimento, dos direitos e dos interesses dos jovens.

"(e) Reconhecimento do fato de que os comportamentos dos jovens que não se ajustam aos valores e normas gerais da sociedade são, com frequência, parte do processo de amadurecimento, tendendo a desaparecer, espontaneamente, na maioria das pessoas, quando chegam à maturidade.

"(f) Consciência de que, segundo a opinião dominante dos especialistas, classificar um jovem de 'extraviado', 'delinquente' ou 'pré-delinquente' geralmente favorece o desenvolvimento de comportamento indesejado."

As Diretrizes de Riad, que representaram visível destaque norteador na elaboração do Estatuto da Criança e do Adolescente, não tiveram força normativa internamente. Contudo, contribuíram para firmar que é na família o espaço de recuperação e reintegração do jovem, inclusive como local de controle social; a educação; as atividades comunitárias; os meios de comunicação; a política social; a estruturação administrativa e legislativa da justiça infantojuvenil; bem como o planejamento das ações e a adoção tanto de políticas quanto de coordenação nos diversos níveis de atendimento.

2.1.7 Regras Mínimas das Nações Unidas para Proteção de Jovens Privados de Liberdade

As Regras Mínimas das Nações Unidas para a Proteção de Jovens Privados de Liberdade, instituídas na 68ª Sessão Plenária da Assembleia-

-Geral das Nações Unidas, em 14.12.1990, pela Resolução 45/113, surgiram da necessidade de serem fixadas as normas referentes à internação de jovens em estabelecimentos apropriados para esse fim.

Constituídas de normas programáticas, as Regras, ao enumerar seus princípios, propõem a lembrança e a confirmação dos demais princípios e regulamentos já afirmados pela Assembleia-Geral das Nações Unidas no que diz respeito às garantias do jovem infrator.

Para a aplicação das Regras, são consideradas as seguintes definições:

"(a) *Criança* ou *adolescente* é qualquer pessoa que tenha menos de 18 anos. A idade-limite abaixo da qual não deve ser permitido privar uma criança de liberdade deve ser fixada em lei.

"(b) *Privação de liberdade* significa qualquer forma de detenção, de prisão ou a colocação de uma pessoa, por decisão de qualquer autoridade judicial, administrativa ou outra autoridade pública, num estabelecimento público ou privado do qual essa pessoa não pode sair, por sua própria vontade" (Regra 11).

Alguns princípios nortearam essas Regras, a saber:

"1 – O sistema de justiça de crianças e adolescentes deve respeitar os direitos e a segurança dos jovens, além de promover o seu bem-estar físico e mental. A prisão deverá constituir uma medida de último recurso.

"2 – A privação de liberdade de um adolescente deve ser uma medida de último recurso, pelo período mínimo necessário, devendo ser limitada a casos excepcionais. A duração da sanção deve ser determinada por uma autoridade judicial, sem excluir a possibilidade de uma libertação antecipada.

"3 – A privação da liberdade deve ser efetuada em condições e circunstâncias que assegurem o respeito pelos direitos humanos dos adolescentes.

"4 – As Regras têm como objetivo estabelecer um conjunto de regras mínimas aceitáveis pelas Nações Unidas para a proteção dos jovens privados de liberdade, sob qualquer forma, compatíveis com os direitos humanos e liberdades, tendo em vista combater os efeitos nocivos de qualquer tipo de detenção, e promover a integração na sociedade.

"5 – As Regras devem ser aplicadas com imparcialidade, sem discriminação de qualquer espécie.

"6 – As Regras têm por fim servir como padrões de fácil referência, encorajar e guiar os profissionais envolvidos na gestão do sistema da Justiça Juvenil.

"7 – As Regras devem ser postas rapidamente à disposição do pessoal da Justiça de Adolescentes na sua Língua nacional.

"8 – Quando apropriado, os Estados devem incorporar as Regras à sua legislação.

"9 – As autoridades competentes devem procurar, constantemente, aumentar a consciência do público quanto ao fato de os cuidados aos jovens detidos e a preparação do seu regresso à sociedade serem um serviço social de grande importância.

"10 – As presentes Regras aplicam-se a todos os tipos e formas de instituições de detenção nas quais os adolescentes estão privados de liberdade."

A privação da liberdade deve ser efetuada em condições e circunstâncias que assegurem o respeito pelos direitos humanos dos adolescentes.

Os adolescentes privados de liberdade não devem, por força do seu *status* de detidos, ser privados dos direitos civis, econômicos, políticos, sociais ou culturais de que gozem por força da lei nacional ou do direito internacional, se compatíveis com a privação de liberdade.

A proteção aos direitos individuais dos adolescentes, com especial relevância para a legalidade da execução das medidas de detenção, deve ser assegurada pela autoridade competente, enquanto os objetivos da integração social devem ser assegurados mediante inspeções regulares e outros meios de controle levados a cabo, de acordo com as normas internacionais, leis e regulamentos nacionais, por uma entidade devidamente constituída, autorizada a visitar os adolescentes, independente da administração do estabelecimento.

Presumem-se inocentes, e serão tratados como tais, os adolescentes detidos preventivamente ou que aguardam julgamento. A detenção antes do julgamento deve ser evitada, na medida do possível, além de limitada a circunstâncias excepcionais. Devem, por isto, ser feitos todos os esforços a fim de se aplicar medidas alternativas. No entanto, quando se recorrer à detenção preventiva, os tribunais de adolescentes e os órgãos de investigação tratarão tais casos com a maior urgência, visando a assegurar a mínima duração possível da detenção. Os detidos sem julgamento devem estar separados dos adolescentes condenados.

As condições em que um adolescente não julgado se encontra detido devem estar de acordo com as Regras, sob reserva de disposições especiais julgadas necessárias e apropriadas, em razão da presunção de inocência, da duração da detenção, do estatuto legal e circunstâncias do adolescente. Estas disposições devem incluir – mas não necessariamente restringir-se – o seguinte:

"(a) Os adolescentes devem ter direito aos serviços de um advogado e podem requerer assistência judiciária gratuita, quando essa assistência estiver disponível, e comunicar-se, regularmente, com os seus conselheiros legais. A privacidade e a confidencialidade de tais comunicações devem ser asseguradas.

"(b) Sempre que possível, os adolescentes devem dispor de oportunidades para efetuar um trabalho remunerado, para continuar a sua educação e formação profissional, sem que lhes seja exigido que o façam. O trabalho, o estudo ou a formação profissional não devem ser motivo para a continuação da detenção.

"(c) Os adolescentes podem receber e guardar materiais para o seu tempo livre e recreio, na medida em que isso for compatível com os interesses da administração da justiça" (Regra 17).

Além de prescrever a maneira de transporte e acomodação do jovem privado de liberdade, as Regras preveem que, logo que possível, após sua admissão, o adolescente será entrevistado e as considerações constarão em relatório psicológico e social que identifique quaisquer fatores relevantes quanto ao tipo de tratamento, programa de educação e de formação requeridos pelo adolescente.

Esse relatório, juntamente com o elaborado pelo médico que examinou o jovem depois de sua admissão, deve ser enviado ao diretor, para fins de determinação da colocação mais apropriada do adolescente dentro do estabelecimento, do tipo de tratamento e programa de formação requerida.

Quando é requerido tratamento de reeducação especial e a duração de permanência no estabelecimento o permite, o pessoal especializado do estabelecimento deve preparar, por escrito, um plano de tratamento individualizado, especificando os objetivos do tratamento, sua duração, os meios, etapas e prazos em que os objetivos deverão ser atingidos.

A privação de liberdade de adolescentes só deve ter lugar em condições que tenham em consideração suas necessidades particulares, estatuto e requisitos especiais exigidos pela sua idade, personalidade, sexo e tipo de crime, assim como sua saúde física e mental, e que assegurem sua proteção contra influências perniciosas e situações de risco.

O principal critério de classificação das diferentes categorias de adolescentes privados de liberdade deve basear-se no tipo de tratamento que melhor se adapte às necessidades especiais dos indivíduos a que dizem respeito bem como à proteção da sua integridade física, mental, moral e do seu bem-estar.

Devem ser criados estabelecimentos de detenção abertos para os adolescentes. Os estabelecimentos abertos são aqueles em que não existem ou em que existe um mínimo de medidas de segurança.

Qualquer adolescente em idade de escolaridade obrigatória tem direito à educação adequada às suas necessidades e capacidades, com vistas à preparação da sua reinserção na sociedade.

Além disso, as Regras dispõem sobre o direito de ter horas de lazer dentro das unidades de privação de liberdade; de escolha livre de uma religião, que poderá ser professada dentro da instituição; de receber cuidados médicos e atenção à sua saúde, de forma eficiente; de ter contatos com o exterior da instituição, num processo de reintegração do jovem internado com sua comunidade e de seu retorno a ela sem traumas; sobre a proibição de violência e de utilização de meios coercitivos que implicam o uso da força física; sobre a instituição de processos disciplinares dentro da instituição que respeitem a ampla defesa do jovem internado.

Enfim, sugerem as Regras que, no cumprimento das suas funções, o funcionário das instituições de privação de liberdade deve respeitar e proteger a dignidade humana, assim como os direitos humanos fundamentais de todos os adolescentes. Em especial:

"(a) Nenhum funcionário do estabelecimento de detenção pode, sob qualquer pretexto ou em quaisquer circunstâncias, infringir ou tolerar qualquer ato de tortura ou qualquer forma de tratamento, castigo, correção ou disciplina cruel, desumana ou degradante.

"(b) O funcionário do estabelecimento deve opor-se, rigorosamente, a qualquer ato de corrupção, e combatê-lo, denunciando-o, sem demora, às autoridades competentes.

"(c) O funcionário do estabelecimento deve respeitar as presentes Regras. Qualquer funcionário que tiver razões para crer que ocorreu ou está em vias de ocorrer uma violação grave das presentes Regras deve comunicar o fato às autoridades hierarquicamente superiores ou aos órgãos investidos do poder de revisão ou sanção.

"(d) O funcionário do estabelecimento deve assegurar a completa proteção da saúde mental e física dos adolescentes, incluindo a proteção contra abusos e exploração físicos, sexuais e emocionais, além de tomar providências imediatas a fim de assegurar-lhes cuidados médicos, quando necessário.

"(e) O funcionário do estabelecimento deve respeitar o direito dos adolescentes à privacidade e, em especial, deve preservar a confidencialidade dos assuntos relativos aos adolescentes e suas famílias, dos quais tenha tido conhecimento, por meio do exercício das suas funções profissionais.

"(f) O funcionário do estabelecimento deve procurar minimizar qualquer diferença entre a vida dentro e fora da instituição de detenção que tenda a diminuir o respeito à dignidade do adolescente como ser humano" (Regra 87).

2.1.8 Convenção sobre os Direitos da Criança

Em 20.11.1989, pela Resolução 44/25 (XLIV), a Assembleia-Geral das Nações Unidas aprovou, por unanimidade, a Convenção sobre os Direitos da Criança. O Brasil adotou o texto em sua totalidade, pelo Decreto 99.710, de 21.9.1990, após ter sido ratificado pelo Congresso Nacional, através do Decreto Legislativo 28, de 14.9.1990. Com isso, o texto convencional tornou-se norma cogente.

Esse instrumento jurídico internacional foi fruto de 10 anos de trabalho de representantes de 43 Estados-Membros da Comissão de Direitos Humanos das Nações Unidas, e seu término coincidiu com a celebração dos 30 anos da Declaração dos Direitos da Criança, de 1959.

A Convenção representou, até agora, no panorama legal internacional, o resumo e a conclusão de toda a legislação garantista de proteção à infância.

Além de relembrar todo o arcabouço de direitos e garantias pessoais prescritos nas declarações e tratados anteriores, a Convenção inova no sentido de, além de completá-los, trazer consigo a natureza coercitiva de seus mandamentos e exigir de cada Estado-Membro uma posição definida, incluindo mecanismos de controle para verificação do cumprimento de suas disposições e obrigações.

Sobre a abrangência das disposições da Convenção, relatou Tânia da Silva Pereira que "os direitos da criança reconhecidos na Convenção significam e representam o mínimo que toda sociedade deve garantir às suas crianças, reconhecendo, em um único código, todas as normas e medidas de privilégio e de proteção em favor das crianças, que, os Países Signatários, devem adotar e incorporar a suas leis".[5]

5. Tânia da Silva Pereira, "A Convenção e o Estatuto: um ideal comum de proteção ao ser humano em vias de desenvolvimento", in Tânia da Silva Pereira (coord.),

Mais adiante a consagrada autora afirma que "a Convenção representa um consenso de que existem alguns direitos básicos universalmente aceitos e que são essenciais para o desenvolvimento completo e harmonioso de uma criança. Representa, em definitivo, o instrumento jurídico internacional mais transcendente para a promoção e o exercício dos direitos da criança".

De fato, a Convenção modifica e consolida padrões existentes, além de introduzir um rol de questões de extrema relevância. No mínimo, a Convenção compromete ainda mais os Países Signatários, elevando suas obrigações políticas e humanitárias para com suas crianças. Além disso, obriga os Signatários a prestarem contas de suas atividades – na área da proteção da criança – perante a comunidade internacional.

O princípio fundamental da Convenção é aquele que dispõe que *o melhor interesse da criança será sempre o de maior consideração*, concluindo que *sua opinião será devidamente considerada*.

A Convenção reconhece, desta maneira, a criança enquanto indivíduo, com necessidades que evoluem com a idade e a maturidade. Ela vai além dos tratados existentes, procurando equilibrar os direitos da criança com direitos e deveres dos pais ou outros responsáveis por sua sobrevivência, desenvolvimento e proteção, dando-lhe o direito de participar de decisões que afetam o seu presente e também o seu futuro.

Em todo seu arcabouço, a Convenção traz arraigado o paradigma[6] a que se propõe: *o superior interesse da criança*.[7] Assim, o mesmo ocorre nos arts. 3º, 9º, 18 e 21, além de outros, que prescrevem o "bem-estar" da criança.

Tal princípio não era tão novo, pois a Declaração dos Direitos da Criança, de 1959, já enfatizava, no Segundo Princípio, que "a criança gozará de proteção especial e disporá de oportunidades e serviços a serem estabelecidos em lei ou por outros meios, de modo a que possa desenvolver-se física, mental, moral, espiritual e socialmente, de forma saudável e normal, assim como em condições de liberdade e dignidade. Ao promulgar leis com este fim, a consideração fundamental a que se atenderá será o *interesse superior da criança*" (grifos nossos).

Estatuto da Criança e do Adolescente: Lei 8.069/1990 – Estudos Sócio-Jurídicos, Rio de Janeiro, Renovar, 1992, p. 68.
  6. "Paradigma" no sentido de um conjunto de regras e regulamentos que estabelecem limites e, através daqueles, evidenciam como ter sucesso, resolvendo problemas dentro desses limites. Cf. Sérgio Salomão Shecaira, ob. cit., p. 45.
  7. Sobre esse assunto, cf. Tânia da Silva Pereira (coord.), *O Melhor Interesse da Criança: um Debate Interdisciplinar*, Rio de Janeiro, Renovar, 1999.

Apesar de já firmados em outros tratados e declarações, os direitos da criança inscritos na Convenção tornaram-se mais reais e acessíveis, possibilitando, com os mecanismos de controle, sua fiscalização.

Pelo art. 19, os Estados-Membros se obrigam a adaptar suas legislações às disposições da Convenção, no sentido de tornarem eficazes as medidas de proteção à infância.

A gestação do documento da Convenção foi o início de um movimento popular no País, que mobilizou a sociedade de Norte a Sul, com o fim de incorporar na nova Constituição Federal as discussões sobre *o melhor interesse da criança*. Posteriormente, com a implantação da Assembleia Nacional Constituinte, as emendas populares que idealizaram o surgimento da Doutrina da Proteção Integral foram incorporadas ao texto constitucional, materializando-se nos arts. 204 e 227 e, posteriormente, na promulgação da Lei 8.069/1990 – Estatuto da Criança e do Adolescente (ECA).

2.1.9 Declaração Mundial sobre a Sobrevivência, a Proteção e o Desenvolvimento das Crianças nos Anos 90

O Encontro Mundial de Cúpula pela Criança foi realizado na sede da ONU, em Nova York, no dia 30.9.1990. Desse Encontro firmou-se a Declaração Mundial sobre a Sobrevivência, a Proteção e o Desenvolvimento das Crianças nos Anos 90 e a adoção de um Plano de Ação para sua Implementação (Metas da Cúpula Mundial pela Infância).

Com o tema e o objetivo de que *a criança une o mundo*, os Chefes de Estado presentes ao Encontro estabeleceram, como prioridade, o bem--estar de todas as crianças.

Com a assinatura da Declaração Mundial sobre a Sobrevivência, a Proteção e o Desenvolvimento da Criança e a adoção do Plano de Ação para a Década de 90, os líderes mundiais se comprometeram a melhorar a saúde de crianças e mães, combater a desnutrição e o analfabetismo, erradicar as doenças que vêm matando milhões de crianças a cada ano.

Os dirigentes signatários do Plano assumiram, solenemente, o compromisso de promover a rápida implementação da Convenção sobre os Direitos da Criança, defender a paz e proteger o meio ambiente.

Os documentos publicados mereceram a atenção dos líderes políticos, das entidades profissionais, de organizações sociais, dos meios de comunicação e da opinião pública de todo o mundo; tem-se, assim, a oportunidade de proporcionar um futuro melhor às próximas gerações.

O Plano de Ação para a Implementação das Metas orienta os Signatários para uma ação conjunta nacional e de cooperação internacional, visando à consecução, em todos os Países, dos seguintes objetivos principais de sobrevivência, proteção e desenvolvimento da criança até o ano 2000:

"(a) Redução de um terço nas taxas de mortalidade de menores de 5 anos, em relação a 1990, ou redução para menos de 70 por 1.000 nascidos vivos (o que representar maior redução).

"(b) Redução de 50% nas taxas de mortalidade materna, em relação a 1990.

"(c) Redução de 50% nas taxas de desnutrição grave e moderada entre os menores de 5 anos com relação a 1990.

"(d) Acesso universal à água potável e ao saneamento básico.

"(e) Acesso universal à educação básica e conclusão da educação de primeiro grau de, pelo menos, 80% das crianças em idade escolar.

"(f) Redução de 50%, no mínimo, na taxa de analfabetismo entre os adultos em relação a 1990 (o grupo etário apropriado deverá ser definido em cada País), com ênfase na alfabetização das mulheres.

"(g) Proteção às crianças que vivem em circunstâncias particularmente difíceis, especialmente em situações de conflitos armados."

As principais metas propostas pelos Chefes de Estado para a sobrevivência, o desenvolvimento e a proteção da criança são:

"(a) Entre 1990 e o ano 2000, redução de um terço nas taxas de mortalidade infantil e de menores de 5 anos, ou a um nível entre 50 e 70 por 1.000 nascidos vivos, o que representar maior redução.

"(b) Entre 1990 e o ano 2000, redução de 50% nas taxas de mortalidade materna.

"(c) Entre 1990 e o ano 2000, redução de 50% nas taxas de desnutrição grave e moderada entre os menores de 5 anos.

"(d) Acesso universal à água potável e ao saneamento básico.

"(e) Até o ano 2000, acesso universal à educação básica e à conclusão da educação de primeiro grau de, pelo menos, 80% das crianças em idade escolar.

"(f) Redução de 50%, no mínimo, na taxa de analfabetismo entre os adultos, em relação a 1990 (o grupo etário apropriado será definido em cada País), com ênfase na alfabetização das mulheres.

"(g) Melhoria na proteção às crianças que vivem em circunstâncias particularmente difíceis."

Foram também estabelecidas metas setoriais, tais como a saúde e a formação da mulher, a nutrição das gestantes e das crianças, a saúde infantil, sobre a água e saneamento, sobre a educação básica e, especialmente, sobre crianças em circunstâncias difíceis.

2.1.10 X Cúpula Ibero-Americana de Chefes de Estado e de Governo/ Declaração do Panamá: "Unidos pela Infância e Adolescência, Base da Justiça e da Equidade no Novo Milênio"

A X Cúpula Ibero-Americana de Chefes de Estado e de Governo/ Declaração do Panamá: "Unidos pela Infância e Adolescência, Base da Justiça e da Equidade no Novo Milênio", foi realizada na cidade do Panamá, República do Panamá, nos dias 17 e 18.11.2000, com a participação de chefes de governo de 21 Países ibero-americanos.

Convencidos da necessidade de consecução de um desenvolvimento humano sustentável, da consolidação democrática, da equidade, da justiça social, e com base nos princípios da universalidade, da indivisibilidade e interdependência dos direitos humanos, os Chefes de Estado decidiram que era estrategicamente importante dedicar especial atenção à infância e à adolescência. O foco dessa preocupação dirigiu-se principalmente para a situação dos adolescentes ibero-americanos, com o propósito de formular políticas e promover programas e ações que garantam o respeito aos seus direitos, seu bem-estar e desenvolvimento integral.

Ainda foram firmados os compromissos de promover e defender a Democracia e o Estado de Direito; o pluralismo político e a identidade cultural; os direitos humanos nas suas vertentes civis, políticas, econômicas, sociais e culturais, incluindo o direito ao desenvolvimento, o respeito aos princípios da soberania e da integridade territorial; a não intervenção, o não uso ou ameaça de uso da força nas relações internacionais, a solução pacífica das controvérsias e o direito de cada povo de construir livremente, em paz, estabilidade e justiça, seu sistema político – princípios que fazem parte do legado que deixamos à infância e adolescência ibero-americanas.

Reconheceu, ainda, a importância fundamental de crianças e adolescentes como *sujeitos de direitos* na sociedade, assim como o papel regulador e normativo do Estado na elaboração e execução de políticas sociais em seu benefício e como garantia de seus direitos.

Neste sentido, foram reafirmados os princípios e propósitos consagrados na Convenção sobre os Direitos da Criança e demais convenções, declarações e instrumentos internacionais, de âmbito universal e regional, que constituem o compromisso dos governos em assegurar às crianças e adolescentes o respeito a seus direitos, seu acesso a melhores níveis de bem-estar e sua efetiva participação nos programas de desenvolvimento integral.

As ações para a equidade e justiça social também foram objeto de preocupação dos participantes daquele Encontro. Crianças e adolescentes devem viver uma vida plena e saudável, com seus direitos assegurados e protegidos, como beneficiários de políticas e programas nacionais que promovam o desenvolvimento com equidade e justiça social, atribuindo maiores recursos ao gasto social, em especial na saúde, educação, cultura, ciência e tecnologia.

Além dos direitos já enunciados, o Encontro reafirmou:

"(a) A garantia do exercício do direito das crianças de serem registradas ao nascer e, na medida do possível, de conhecer os seus pais e de serem por eles cuidadas, conforme a Convenção sobre os Direitos da Criança.

"(b) Continuar a fortalecer as sólidas e ricas raízes culturais, costumes e tradições, com o pleno respeito pelas especificidades e valores de cada País, com o objetivo de atingir uma educação integral, significativa e respeitosa da diversidade linguística, étnica, cultural e de equidade de gênero, que apoie o desenvolvimento humano e individual.

"(c) Realizar esforços para que, o mais tardar no ano 2015, todas as crianças da Ibero-América tenham acesso à educação infantil e ao ensino fundamental gratuito e obrigatório, apoiado nos princípios de não discriminação, equidade, pertinência, de qualidade e eficácia. Nesse sentido, deverão ser desenvolvidos programas inovadores de incentivo social, a exemplo dos programas de Bolsa-Escola, que permitam às famílias mais necessitadas que todos os seus filhos frequentem, regularmente, a escola.

"(d) Estimular a livre circulação de informação, em todos os níveis, sobre os direitos das crianças e adolescentes, de maneira a propiciar a sua participação construtiva na sociedade, a possibilitar que a livre expressão das suas ideias e criatividade se manifeste na vida quotidiana e no funcionamento das instituições.

"(e) Promover o uso da tecnologia da informação nos processos de ensino-aprendizagem, incluindo a educação aberta e à distância. Com tal objetivo deverão ser promovidos o desenvolvimento de programas informáticos, assim como a infraestrutura e o equipamento que permitam o acesso das crianças e adolescentes a essas tecnologias.

"(f) Iniciar um trabalho conjunto para promover o livre fluxo de informação e comunicação entre os organismos educativos, acadêmicos e científicos ibero-americanos, eliminando as restrições reguladoras existentes, permitindo que possam usar, livremente, todos os meios tecnológicos, inclusive as facilidades derivadas do uso de satélites ou de outros meios de comunicação disponíveis na Ibero-América.

"(g) Fortalecer, em cada País, os programas de segurança alimentar, incluindo os que se levam a cabo nas escolas, acompanhando-os de campanhas de difusão e de educação em matéria de nutrição com especial ênfase em lactantes, crianças pequenas e mulheres grávidas.

"(h) Procurar estender os sistemas de previdência social ao maior número possível de famílias e aumentar o acesso das mesmas aos serviços de atenção à saúde integral, principalmente às crianças, à mulher grávida e à mãe adolescente, com a finalidade de diminuir, pelo menos em 50%, a mortalidade materna na Ibero-América para o ano 2010.

"(i) Tomar medidas urgentes para a pesquisa, prevenção, tratamento e controle do HIV/AIDS, diante do aumento alarmante dessa doença, bem como das suas implicações sociais e econômicas, além de promover uma maior cooperação internacional nesse âmbito.

"(j) Incorporar aos sistemas educativos, escolares e não escolares programas de educação sexual, com a participação da família e da comunidade, que fomentem comportamentos sexuais responsáveis, incluindo a paternidade e maternidade responsáveis, a prevenção das doenças sexualmente transmissíveis, a gravidez e a paternidade precoces.

"(l) Conceder alta prioridade ao problema da falta de habitação, incluindo o acesso aos serviços de água potável, saneamento e outras infraestruturas que respondam às necessidades da vida, reconhecendo que uma habitação adequada favorece a integração familiar, contribui para a equidade social e reforça os sentimentos de identidade, segurança e solidariedade humana, elementos essenciais à vida das crianças e adolescentes.

"(m) Implementar estratégias e programas nacionais dirigidos às crianças e adolescentes em condições sociais adversas e situações de risco, entre outros os órfãos, os abandonados e os que trabalham ou vivem na rua.

"(n) Fomentar a adoção de medidas dirigidas às crianças e adolescentes com deficiências, tais como programas de reabilitação e de educação. Deste modo, difundir maior informação sobre as políticas de adoção e as campanhas a favor das crianças que trabalham ou vivem na rua.

"(o) Continuar desenvolvendo políticas para fomentar o desporto e o uso saudável e criativo do tempo livre das crianças e adolescentes, a fim de atingir o seu adequado crescimento físico e mental."

Percebe-se que o propósito enunciado pelo Encontro atualizou todos os mecanismos de atenção e proteção à infância, desde a Declaração Universal dos Direitos da Criança, de 1959, trazendo para a atualidade preocupação mais recente, como a proteção contra doenças transmissíveis, entre elas a AIDS.

2.2 Principais documentos legais e instituições sociais e assistenciais de proteção dos direitos da criança e do adolescente no Brasil – Um breve histórico

Nem sempre crianças e adolescentes puderam, por si sós, ter seus direitos individuais garantidos, e quase nunca foram alvo privilegiado do legislador, que preferiu vê-los como instrumentos de ações sociais.

A história do direito da criança no Brasil[8] é recente; e, sem a pretensão de exaurir o tema, firmam-se alguns momentos históricos relevantes, posicionando sua origem na necessidade de regulamentação das atividades que envolviam os filhos de escravos.

Assim, em 1862 o movimento abolicionista fez o Senado aprovar uma lei, de autoria de Silveira da Mota, que, entre outras medidas, estabelecia "a proibição de venda de escravos sob pregão e exposição pública, bem como a proibição de, em qualquer venda, separar o filho do pai e o marido da mulher".[9]

A Lei 2.040, de 28.2.1871, também conhecida como "Lei do Ventre Livre" ou "Lei Rio Branco", promulgada pela Princesa Isabel, concedia liberdade às crianças nascidas de mães escravas, objetivando impedir que a escravidão continuasse por meio dos filhos dos escravos.

A intenção da Princesa Isabel de consolidar o fim do período escravagista no Brasil, por meio daquela lei, não surtiu o efeito desejado. A lei dispunha que o filho da escrava deveria permanecer sob a autoridade de sua mãe e do proprietário de escravos, que, juntos, deveriam educá-lo até a idade de 8 anos. Depois dessa idade o proprietário da mãe escrava teria duas opções: poderia receber do Estado uma indenização de 600 mil réis pagos em títulos do Estado, com juros de até 6%, no prazo de 30 anos,

---

8. Sobre esse assunto, cf. Mauro Ferradin, ob. cit. pp. 35 e ss.; Sérgio Salomão Shecaira, ob. cit., pp. 27 e ss.; Josiane Rose Petry Veronese, *Os Direitos da Criança e do Adolescente*, São Paulo, LTr, 1999, pp. 11-47.

9. Cf. Sérgio Diogo Teixeira de Macedo, *Crônica do Negro no Brasil*, Rio de Janeiro, Record, 1974, pp. 113-114.

ou utilizar-se dos serviços da criança, até que essa completasse 21 anos.

Quase sempre o senhor preferia ficar com a criança negra, porque a lei não estabelecia qualquer controle sobre o número de horas de trabalho, sobre o regime sanitário ou sobre a alimentação que deveriam receber esses "escravos livres".

Na interpretação de Robert Conrad, a lei tinha a intenção de "estabelecer um estágio de evolução para um sistema de trabalho livre, sem causar grande mudança imediata na agricultura ou nos interesses econômicos. Esperava-se, assim, que remediasse uma instituição em declínio, enquanto eliminava sua última fonte de renovação; que projetasse os interesses da geração viva dos senhores, enquanto resgatava a geração seguinte dos escravos. Anunciada como grande reforma, essa lei era, realmente, um compromisso intrincado; todavia, contribuiria, significativamente, para o colapso da escravatura, 17 anos mais tarde".[10]

Outro marco importante na evolução da proteção da infância no período do Brasil-Colônia e do Império foi a instituição da *Roda dos Expostos*, criada primeiramente na Santa Casa do Rio de Janeiro, em 1738.

A *Roda*, na concepção de Floro de Araújo Melo, era "uma grande roda giratória para recolher crianças abandonadas que para aí podiam ser levadas, sem precisarem os pais aparecer e se expor". Pontua, ainda, o citado autor que "os filhos de escravos abandonados eram considerados libertos. (...). Era praxe as mulheres escravas zelarem e amamentarem as crianças dos expostos, em conformidade com o acordo entre seus senhores e o Governo".[11]

No âmbito das codificações, a Constituição do Império, de 1824, e a primeira da República, de 1891, são completamente omissas e não se preocuparam em estabelecer qualquer proteção à infância.

Entretanto, merecem referência o Código Criminal, de 1830, promulgado pelo Império, e o primeiro Código Penal da República, de 1890, onde constam as primeiras referências sobre a responsabilidade penal de menores de 21 anos de idade.

Pelo Código Criminal do Império, os menores de 14 anos estavam isentos da imputabilidade pelos atos considerados criminosos por eles praticados. Os infratores que tinham menos de 14 anos e que tinham *discer-*

10. Robert Conrad, *Os Últimos Anos da Escravatura no Brasil: 1858-1888*, 2ª ed., trad. de Fernando de Castro Ferro, Rio de Janeiro, Civilização Brasileira, 1978, p. 113.
11. Floro de Araújo Melo, *A História da História do Menor no Brasil*, Rio de Janeiro, s/n., 1986, pp. 31-32.

nimento[12] sobre o ato cometido eram recolhidos às Casas de Correção, até que completassem 17 anos. Entre 14 e 17 anos estariam os menores sujeitos à pena de cumplicidade (dois terços da que cabia ao adulto infrator), e os maiores de 17 e menores de 21 anos gozavam de atenuante da menoridade.

O Código Penal da República, promulgado em 11.10.1890, declarou a *irresponsabilidade de pleno direito* dos menores de 9 anos de idade, que não seriam considerados criminosos, como também os maiores de 9 e menores de 14 anos que tivessem agido sem discernimento. Se os de idade entre 9 e 14 anos tivessem praticado os atos delituosos com discernimento, seriam recolhidos a estabelecimentos disciplinares industriais, pelo tempo que o juiz julgasse conveniente, desde que não se excedesse os 17 anos de idade; era obrigatória a imposição da pena de cumplicidade ao maior de 14 e menor de 17 anos, mantendo-se também a atenuante da menoridade.

Como anotou Tânia da Silva Pereira, "à falta tanto da Casa de Correção quanto da 'instituição disciplinar industrial', previstas nos dois diplomas legais, os 'menores' eram lançados nas prisões dos adultos, em deplorável promiscuidade".[13]

A *teoria do discernimento* adotada pelos dois Códigos sofreu diversas investidas, salientando-se a de Marcelo Gantus Jasmin: "(...) a manutenção da teoria do discernimento e de medidas de caráter essencialmente repressivas, o que demonstra a pouca sensibilidade dos elaboradores republicanos aos reclamos que tentavam fazer prevalecer a preocupação com o futuro, particularmente expressos pelas propostas de incorporação de medidas educativas no tratamento os menores".[14]

Ainda na concepção do citado autor, a teoria da ação com discernimento imputava responsabilidade penal ao menor em função de uma pesquisa da sua consciência em relação à prática da ação criminosa.

Outro crítico daquela teoria foi Francisco Pereira de Bulhões Carvalho, indicando que "já vigorava, na época, séria campanha contra a teoria do discernimento, bem como a aplicação de medidas repressivas contra os menores em vez de simples medidas educativas".[15]

12. A *teoria do discernimento* apurava se o infrator tinha, ou não, conhecimento do ato delituoso que praticara, e o juiz delimitava a sanção conforme o grau de consciência em relação à prática da infração penal.
13. Tânia da Silva Pereira, *Direito da Criança e do Adolescente: uma Proposta Interdisciplinar*, Rio de Janeiro, Renovar, 1996, p. 16.
14. Marcelo Gantus Jasmin, "Para uma história da legislação sobre o menor", *Revista de Psicologia* 4/81, Fortaleza, julho-dezembro/1986.
15. Francisco Pereira de Bulhões Carvalho, *Direito do Menor*, Rio de Janeiro, Forense, 1977, p. 32.

Neste ínterim, em 1.1.1916 entra em vigor a Lei 3.071, denominada "Código Civil", estabelecendo regras para o exercício de direitos na esfera civil, contemplando uma divisão entre os absolutamente (art. 5º) e os relativamente (art. 6º) incapazes de exercer tais direitos, fixando aos 21 anos completos o fim da menoridade, ficando o indivíduo habilitado para todos os atos da vida civil (art. 9º).

Entre as várias modificações sofridas pelo Código Penal da República ressalta-se aquela produzida pela Lei 4.242, de 4.1.1921, que eliminou o critério do discernimento e passou a considerar o menor de 14 anos totalmente isento de responsabilidade penal e, consequentemente, não podendo ser processado por atos considerados delituosos.

Outro marco importante – talvez um dos mais significativos para a época – foi a criação do primeiro Juízo Privativo de Menores,[16] em 1924, tendo como seu titular o Dr. José Cândido Albuquerque Mello Mattos,[17] que, além de ter criado vários estabelecimentos de assistência e proteção à infância abandonada e delinquente, organizou o Código de Menores (Decreto 17.943-A, de 12.10.1927), que também ficou conhecido por "Código Mello Mattos".[18]

A iniciativa daquele Magistrado proporcionou – na expressão de Tânia da Silva Pereira – "significativa abertura do tratamento à criança para a época, preocupado em que fosse considerado o estado físico, moral e mental da criança; e, ainda, a situação social, moral e econômica dos pais".[19]

16. Para A. Sabóia da Silva Lima (*Relatório do Juízo de Menores do Distrito Federal*, Rio de Janeiro, Imprensa Oficial, 1937, p. 147), a "criação do Juízo Privativo de Menores foi mais um erro que um acerto em favor da criança, pois lhe faltava uma organização técnico-administrativa que lhe desse a credibilidade necessária". Contudo, foi o primeiro Juizado de Menores criado na América Latina.

17. Considerado o primeiro Juiz de Menores do Brasil, que em 6.3.1924 proferiu o primeiro despacho em um processo de menores.

18. Francisco Pilotti, no seu texto "Crise e perspectiva da assistência à infância na América Latina" (in Francisco Pilotti e Irene Rizzini, *A Arte de Governar Crianças*, Rio de Janeiro, Instituto Interamericano del Niño, 1995, p. 38), sintetiza que, a "partir das primeiras décadas deste século, se plasma um ordenamento jurídico especial, o direito dos menores, normativa encarregada de enfrentar tanto a problemática dos atos antijurídicos realizados por crianças como o que se deriva do abandono e da desproteção familiar, situações qualificadas, nestas codificações, como 'irregulares' (...). No início do período comentado aparecem vários Códigos de Menores, podendo citar-se, como exemplo, Brasil (1927), Chile (1928), Uruguai (1934) e Equador (1938)".

19. Tânia da Silva Pereira, *Direito da Criança e do Adolescente: uma Proposta Interdisciplinar*, cit., p. 16.

A nova postura legislativa classificou os menores de 18 anos em "abandonados" e "delinquentes". Os *delinquentes*, com idade superior a 14 anos, não eram submetidos a processo penal, mas a um processo especial de apuração de sua infração; a *teoria do discernimento* foi abolida e a medida de internação ao delinquente era imposta por todo o tempo necessário à sua educação entre 3 e 7 anos. Os *abandonados* eram recolhidos e encaminhados a um lar, fosse dos pais, fosse de pessoa responsabilizada por sua guarda; aos menores de 2 anos se determinava sua entrega para serem criados "fora da casa dos pais". Previu também aquele Código o aconselhamento das mães, para se evitar o abandono dos filhos; o sigilo dos atos processuais foi instituído nos casos de acolhimento do menor por outra família; o trabalho do menor foi limitado à idade de 12 anos e o trabalho noturno foi proibido aos menores de 18 anos.

Destacam-se, ainda: a criação de um esboço de Polícia Especial de Menores dentro da competência dos comissários de vigilância; a extensão da competência do juiz de menores em questões que envolvessem menores abandonados ou anormais, bem como sua intervenção para suspender, inibir ou restringir o pátrio poder (hoje, poder familiar), com imposição de normas e condições aos pais e tutores; a proposta de criação de um corpo de assistentes sociais, que seriam designados *delegados de assistência e proteção*, com possibilidade de participação popular como comissários voluntários ou como membros do Conselho de Assistência e Proteção aos Menores; e a estruturação racional dos internatos dos Juizados de Menores.

Com o Código Mello Mattos instituiu-se a "ação social do Juízo de Menores", cujo significado foi esclarecido pelo magistrado Alberto Cavalcanti Gusmão como sendo a "ação preventiva e repressiva de proteção e de educação do processo de menores delinquentes", propondo, em seguida, que as atribuições do juiz de menores fossem "amparando, assistindo, educando, instruindo, cuidando do corpo e do espírito dos menores abandonados e desvalidos, alargando o Juízo de Menores desta Capital, desde a sua criação, a sua ação jurídico-social".[20]

A predominância do aspecto social, na visão de Tânia da Silva Pereira, proporcionaria ao juiz "declarar a condição jurídica da criança, se 'abandonada' ou não, se 'delinquente', e qual o 'amparo' que deveria receber".[21]

20. Alberto Cavalcanti Gusmão, *Código de Menores*, Brasília, Senado Federal, 1982, pp. 81-82.
21. Tânia da Silva Pereira, "Infância e adolescência: uma visão histórica de sua proteção social e jurídica no Brasil", in Sálvio de Figueiredo Teixeira (coord.), *Direitos de Família e do Menor*, 3ª ed., Belo Horizonte, Del Rey, 1993, p. 309.

Essa "ação social" do Juízo de Menores foi considerada um "diferencial" entre os magistrados, que preferiram desempenhar uma função mais voltada para o "social", cuja prática permaneceu vigorosa até a promulgação do Estatuto da Criança e do Adolescente, que privilegiou o aspecto jurídico.[22]

O movimento constitucional pátrio registrou pela primeira vez, em 1934, uma referência direta à proteção da criança no que diz respeito à proibição do trabalho de menores de 14 anos, do trabalho noturno aos menores de 16 anos e do trabalho dos menores de 18 anos em indústrias insalubres. Previa, ainda, a proteção e amparo à maternidade e à infância, os direitos referentes ao lar e ao trabalho feminino.

Em 1937, durante o Estado-Novo, Getúlio Vargas outorgou a nova Constituição, que previa a assistência à infância e à juventude, assegurando-lhes condições físicas e morais para o desenvolvimento de suas faculdades. Penalizava os pais pelo abandono dos filhos e permitia que os pais carentes recorressem ao Estado a fim de pedir auxílio para a subsistência e educação dos filhos.

Em 7.12.1940 entrou em vigor o Código Penal, que fixou a responsabilidade penal aos 18 anos de idade, alterando o Código de Menores de 1927, mantendo inalterada essa posição até os dias atuais.

Outro fato que merece ser lembrado é a criação do Serviço de Assistência a Menores/SAM, pelo Decreto-lei 3.799/1941, que tinha o objetivo de "proteger" os menores "desvalidos" e "infratores" de todo o País, centralizando a execução de uma política corretivo-repressivo-assistencial de âmbito nacional.

Entretanto, o SAM fracassou, por não conseguir cumprir sua finalidade, sobretudo por ter uma estrutura inadequada e por não ter autonomia administrativa e financeira. Seu erro maior, entretanto, foi aplicar métodos inadequados no atendimento às crianças, proporcionando revolta naqueles que deveriam ser orientados.

A Constituição de 1946 reproduziu as garantias já esposadas na Carta anterior, de 1937, assegurando a obrigatória assistência à maternidade, à infância e à adolescência e proibindo qualquer trabalho aos menores de 14 anos, com exceções a serem julgadas pelo juiz, e o trabalho noturno e insalubre aos menores de 18 anos.

---

22. Sobre esse assunto, cf. Irma Rizzini, "A assistência à infância na passagem para o século XX – Da repressão à reeducação", *Revista Fórum Educacional* 20/80, 1990.

A criação da Fundação Nacional do Bem-Estar do Menor/FUNA-BEM, por meio da Lei 4.513, de 1.12.1964, incorporando o patrimônio e as atribuições do Serviço de Assistência a Menores/SAM, foi a solução encontrada para responder aos apelos das elites frente ao problema da infância, agravado pelo SAM.

O início das atividades da FUNABEM coincide com a implantação do Governo Militar de 1964, que decide enfrentar o drama da criança brasileira como um problema social e, por conseguinte, integrado aos preceitos da segurança nacional. Com essa ideologia, o Governo cria a Política Nacional do Bem-Estar do Menor.

Como descreveu Josiane Rose Petry Veronese, "a criança, então, não é mais simples responsabilidade de entidades privadas e de alguns organismos estatais, que atuavam de acordo com seus preceitos regionais, passando a ser enquadrada nos objetivos de uma Política do Bem-Estar do Menor, cuja responsabilidade seria da FUNABEM".[23]

A principal tarefa da FUNABEM era difundir a nova política de atendimento à infância, que estabelecia a centralização dos programas e iniciativas em favor da criança e do adolescente, generalizando a concepção de que o problema do menor era assunto de Estado.

A Política Nacional do Bem-Estar do Menor e a própria FUNABEM foram instrumentos de controle da sociedade civil. A política institucional que o Brasil adotara não supria as necessidades das crianças carentes e marginalizadas, que aumentavam, em número, a cada dia. Além disso, seu método era ineficiente e incapaz de reeducar todas aquelas crianças, que eram consideradas sujeitos passivos e clientes de uma pedagogia alienada.[24]

A FUNABEM era considerada entidade normativa e tinha sua ramificação nos Estados e Municípios, por meio das Fundações Estaduais de Bem-Estar do Menor/FEBEMs (hoje, Fundação Centro de Atendimento Socioeducativo ao Adolescente/Fundação CASA).

Em 1967, a Constituição Federal, além de prescrever sobre a assistência à maternidade e à infância, proibiu o trabalho aos menores de

---

23. Josiane Rose Petry Veronese, *Os Direitos da Criança e do Adolescente*, cit., p. 33.

24. Sobre esse assunto, cf.: Paula Gomide, *Menor Infrator a Caminho de um Novo Tempo*, Curitiba, Juruá, 1990, p. 18; Wilson Donizeti Liberati, *Comentários ao Estatuto da Criança e do Adolescente*, 11ª ed., São Paulo, Malheiros Editores, 2010, pp. 83 e ss.; Antônio Chaves, *Comentários ao Estatuto da Criança e do Adolescente*, São Paulo, LTr, 1994, pp. 366-375.

12 anos e instituiu o ensino obrigatório e gratuito nos estabelecimentos oficiais para as crianças de 7 a 14 anos de idade. A Emenda constitucional 1/1969 não trouxe grandes modificações em relação à proteção à infância, garantindo, entretanto, o acesso ao ensino das crianças excepcionais.

A Lei 6.697, de 10.10.1979, que dispunha sobre o Código de Menores, recepcionou o sistema da FUNABEM, agora vinculada ao Ministério da Previdência e Assistência Social, pelo Decreto 74.000, de 1.5.1974, e também a Política Nacional do Bem-Estar do Menor.

Com esse Código de Menores inaugurou-se uma nova visão sobre o problema do menor: a da "situação irregular".[25] O próprio Código de Menores tratou de definir, no art. 2º, as hipóteses em que o menor se encontrava naquela situação: "I – privado de condições essenciais à sua saúde e instrução obrigatória, ainda que, eventualmente, em razão de: a) falta, ação ou omissão dos pais ou responsável; b) manifesta impossibilidade dos pais ou responsável para prové-las; II – vítima de maus-tratos ou castigos imoderados impostos pelos pais ou responsável; III – em perigo moral, devido a: a) encontrar-se, de modo habitual, em ambiente contrário aos bons costumes; b) exploração em atividade contrária aos bons costumes; IV – privado de representação ou assistência legal, pela falta eventual dos pais ou responsável; V – com desvio de conduta, em virtude de grave inadaptação familiar ou comunitária; VI – autor de infração penal".

Foi Alyrio Cavallieri quem escolheu a expressão "situação irregular"[26] para abranger os "estados que caracterizam o destinatário das normas de direito do menor", salientando que "o art. 2º do mencionado Código abrangia, no item I, o menor abandonado materialmente; no item II, o menor vítima; no item III, o menor em perigo moral; no item IV, o menor em abandono jurídico; no item V, o menor com desvio de conduta ou inadaptado; e, no item VI, o menor infrator".

O tema da "situação irregular" também foi objeto dos comentários de Paulo Lúcio Nogueira. Para ele, as situações irregulares eram definidas como "situações de perigo que poderão levar o menor a uma

---

25. O Instituto Interamericano del Niño, órgão da Organização dos Estados Americanos/OEA, referia-se à expressão "situação irregular" para identificar as diversas qualificações casuísticas atribuídas à criança abandonada, exposta, carente, delinquente, com desvio de conduta, infratora etc. (cf. Josiane Rose Petry Veronese, *Os Direitos da Criança e do Adolescente*, cit., p. 36).

26. Alyrio Cavallieri, *Direito do Menor*, Rio de Janeiro, Freitas Bastos, 1978, p. 27.

marginalização mais ampla, pois o abandono material ou moral é um passo para a criminalidade (...). A situação irregular do menor é, em regra, consequência da situação irregular da família, principalmente com a sua desagregação".[27]

Com a visão no presente, recorda-se o que escrevemos:

"O Código revogado não passava de um Código Penal do 'Menor', disfarçado em sistema tutelar; suas medidas não passavam de verdadeiras sanções, ou seja, penas disfarçadas em medidas de proteção. Não relacionava nenhum direito, a não ser aquele sobre a assistência religiosa; não trazia nenhuma medida de apoio à família; tratava da situação irregular da criança e do jovem, que, na realidade, eram seres privados de seus direitos.

"Na verdade, em situação irregular estão a família, que não tem estrutura e que abandona a criança; os pais, que descumprem os deveres do poder familiar; o Estado, que não cumpre as suas políticas sociais básicas; nunca a criança ou o jovem".[28]

Dentro desse panorama, o Código de Menores dispunha sobre a assistência, proteção e vigilância aos menores: (a) entre 0 e 18 anos, que se encontravam em situação irregular; (b) entre 18 e 21 anos, nos casos expressos em lei; (c) entre 0 e 18 anos, nos casos de aplicação de medidas de caráter preventivo, independentemente de sua situação irregular.

Mister se faz, ainda, registrar que o Código de Menores, ao fazer referência aos menores entre 18 e 21 anos, designava, especialmente, os chamados "jovens-adultos", que, mesmo atingindo a maioridade, não podiam ser inseridos na sociedade, por continuarem apresentando os mesmos desvios e os mesmos problemas que os levaram à internação, permanecendo sob a jurisdição do juiz de menores e sujeitos às medidas previstas no Código.

Por outro lado, o Código de Menores estabeleceu medidas de caráter preventivo que eram chamadas de "medidas de vigilância" e eram aplicadas a todos os menores de 18 anos de idade, até mesmo àqueles sob o pátrio poder (hoje, poder familiar). Tais medidas visavam a proibir ou a restringir o ingresso e permanência de menores de 10 anos em espetáculos teatrais, cinematográficos, circences, radiofônicos e congêneres sem o acompanhamento dos pais, além de outras proibições ou restrições de

27. Paulo Lúcio Nogueira, *Comentários ao Código de Menores*, São Paulo, Saraiva, 1988, p. 13.
28. Cf., do autor, *Comentários ao Estatuto da Criança e do Adolescente*, cit., 11ª ed., pp. 15-16.

ingresso em locais considerados "públicos" para os acima de 10 e abaixo de 18 anos e autorizações para viagem.

Na segunda metade da década de 80 do século passado houve intensa articulação de movimentos populares que buscavam orientação e subsídios nos documentos internacionais visando a um melhor e mais adequado atendimento à nossa infância.

O estudo da Convenção sobre os Direitos da Criança fez mobilizar a sociedade civil, de onde nasceu o Fórum Nacional de Entidades Não Governamentais de Direitos da Criança e do Adolescente/Fórum DCA. Esse Fórum foi um dos principais articuladores perante o Congresso Nacional, que, em trabalho de Constituinte, acatou emenda popular, com centenas de milhares de assinaturas, introduzindo na nova Constituição os princípios e normas de proteção à infância sugeridos pela citada Convenção.

Os princípios básicos da Convenção materializaram-se no art. 227 da CF promulgada em 5.10.1988, consagrando a Doutrina da Proteção Integral, cujo alicerce é baseado "nos direitos próprios e especiais das crianças e adolescentes, que, na condição peculiar de pessoas em desenvolvimento, necessitam de proteção diferenciada, especializada e integral".[29]

Assim, em 13.7.1990 foi promulgada a Lei 8.069, denominada de *Estatuto da Criança e do Adolescente*, que veio regulamentar o art. 227 da CF, transformando a ansiedade da população infantojuvenil em esperança de garantia de seus direitos.

O marco diferencial que consagrou o Estatuto da Criança e do Adolescente foi a mudança de paradigma: antes se considerava a criança como "objeto de medidas judiciais e assistenciais"; agora, a criança e o adolescente são considerados "sujeitos de direitos", devem ser respeitados na sua condição peculiar de pessoas em desenvolvimento e gozam de prioridade absoluta no atendimento de seus direitos.

Estabelecer a garantia de direitos a partir de uma condição especial de um sujeito – no caso, a criança e o adolescente – foi uma das principais conquistas do direito infantojuvenil.

Segundo Antônio Carlos Gomes da Costa:

"A condição peculiar de pessoa em desenvolvimento implica, primeiramente, o reconhecimento de que a criança e o adolescente não co-

---

29. Cf., do autor, *Comentários ao Estatuto da Criança e do Adolescente*, cit., 11ª ed., p. 15.

nhecem inteiramente os seus direitos, não têm condições de defendê-los e fazê-los valer de modo pleno, não sendo ainda capazes, principalmente as crianças, de suprir, por si mesmas, as suas necessidades básicas.

"A afirmação da criança e do adolescente como 'pessoas em condição peculiar de desenvolvimento' não pode ser definida apenas a partir do que a criança não sabe, não tem condições e não é capaz. Cada fase do desenvolvimento deve ser reconhecida como revestida de singularidade e de completude relativa, ou seja, a criança e o adolescente não são seres inacabados, a caminho de uma plenitude a ser consumada na idade adulta, enquanto portadora de responsabilidades pessoais, cívicas e produtivas plenas. Cada etapa é, à sua maneira, um período de plenitude que deve ser compreendida e acatada pelo mundo adulto, ou seja, pela família, pela sociedade e pelo Estado.

"A consequência prática de tudo isto reside no reconhecimento de que as crianças e adolescentes são detentores de todos os direitos que têm os adultos e que sejam aplicáveis à sua idade e mais direitos especiais, que decorrem precisamente do seu estatuto ontológico próprio de 'pessoas em condição peculiar de desenvolvimento'."

Essa especial condição, para Antônio Carlos Gomes da Costa, significa que "eles, além de todos os direitos de que desfrutam os adultos e que sejam aplicáveis à sua idade, têm, ainda, direitos especiais decorrentes do fato de que: a criança e o adolescente ainda não têm acesso ao conhecimento pleno de seus direitos; ainda não atingiram condições de defender seus direitos frente às omissões e transgressões capazes de violá-los; não contam com meios próprios para arcar com a satisfação de suas necessidades básicas; por se tratar de seres em pleno desenvolvimento físico, emocional, cognitivo e sociocultural, a criança e o adolescente não podem responder pelo cumprimento das leis e demais deveres e obrigações inerentes à cidadania da mesma forma que os adultos".[30]

As mudanças introduzidas pela novel lei foram de conteúdo, de método e de gestão.[31]

As *mudanças de conteúdo* são mais visíveis em relação às novas políticas públicas estabelecidas para a infância; a defesa jurídico-social para as crianças e jovens envolvidos com questões de ordem legal; as ações

---

30. Antônio Carlos Gomes da Costa, in Munir Cury (coord.), *Estatuto da Criança e do Adolescente Comentado: Comentários Jurídicos e Sociais*, 11ª ed., São Paulo, Malheiros Editores, 2010, p. 59.
31. Idem, p. 20.

de natureza médica, psicossocial e jurídica às crianças e adolescentes vitimizados.

As ações foram organizadas e hierarquizadas em: (a) políticas sociais básicas, consideradas direito de todos e dever do Estado, tais como saúde, educação, esporte, cultura, lazer; (b) políticas assistenciais destinadas apenas àqueles que delas necessitem, como complementação alimentar, abrigo, programas de capacitação e iniciação ao trabalho; (c) política de proteção especial, responsável pelo atendimento às crianças e jovens em circunstâncias especialmente difíceis, em razão de sua conduta ou da ação ou omissão dos adultos.

As *mudanças de métodos* são igualmente profundas, quando substituem o assistencialismo até então vigente por um conjunto de propostas de trabalho socioeducativo de caráter emancipador, respeitando a cidadania e a peculiar situação de pessoas em desenvolvimento.

No campo processual a metodologia foi extrema: o método inquisitorial dá lugar ao sistema garantista constitucional do devido processo legal, assegurando à criança e ao adolescente sua condição de sujeitos de direitos.

As *mudanças de gestão* não foram menos importantes. Baseada no art. 204 da CF, a estrutura da política de promoção e defesa dos direitos da criança e do adolescente, recém-inaugurada pelo Estatuto, baseia-se em dois princípios basilares: (a) a descentralização político-administrativa e (b) a participação da população, por meio de suas organizações representativas.

Pela descentralização político-administrativa, houve uma distribuição equânime das tarefas: à União foi vedada a execução de programas de atendimento, ficando ela encarregada apenas da emissão de normas de caráter geral, além da coordenação geral da política; os Estados foram obrigados a se adaptar à sua realidade local; aos Municípios couberam a coordenação em nível local e a execução direta das políticas e programas, podendo criar parcerias com entidades não governamentais.

A participação da sociedade civil deu-se mediante suas organizações representativas, colaborando na formulação das políticas e no controle das ações, em forma de conselhos paritários e deliberativos em todos os níveis: municipal, estadual e federal.

O Estatuto da Criança e do Adolescente ajudou a inaugurar, entre nós, uma nova forma de exercício da cidadania: a participação da comunidade em atos até então privativos dos dirigentes políticos. Essa lei pressupõe uma consciente ruptura com a passividade e o alheamento que impuseram sua marca na participação e condução da coisa pública. Essa ruptura iniciou-se com a mobilização em nível transnacional, com a intervenção dos tratados e convenções internacionais sobre o direito da criança, principalmente aqueles capitaneados pela ONU, que preconizava, há muito, a implantação de um direito especial para crianças e adolescentes.

3
A DOUTRINA DA PROTEÇÃO INTEGRAL DA PESSOA EM DESENVOLVIMENTO

Com a expressão "Doutrina da Proteção Integral dos Direitos da Infância" tem-se referência a um conjunto de instrumentos jurídicos de caráter internacional que representam um salto qualitativo e fundamental na consideração social da infância.

A Doutrina da Proteção Integral surgiu no cenário jurídico inspirada nos movimentos internacionais de proteção à infância, materializados em tratados e convenções, especialmente: (a) Convenção sobre os Direitos da Criança; (b) Regras Mínimas das Nações Unidas para a Administração da Justiça Juvenil/Regras de Beijing; (c) Regras Mínimas das Nações Unidas para a Proteção dos Jovens Privados de Liberdade; e (d) Diretrizes das Nações Unidas para a Prevenção da Delinquência Juvenil/Diretrizes de Riad.

Entretanto, a semente inicial da "proteção especial" direcionada à criança foi consagrada na Declaração de Genebra de 26.3.1924, que determinava "a necessidade de proporcionar à criança uma proteção especial". Esse princípio foi acolhido pela Declaração Universal dos Direitos Humanos, proclamada pela Assembleia-Geral das Nações Unidas em 1948. Essa Declaração chamava a atenção para que a criança tivesse "direitos a cuidados e assistências especiais".

O "Preâmbulo" da Declaração dos Direitos da Criança, de 1959, afirmava que a criança, "em razão de sua falta de maturidade física e intelectual, tem necessidade de proteção especial e cuidados especiais, notadamente de uma proteção jurídica apropriada antes e depois do nascimento".

Com a mesma orientação, a Convenção Americana sobre os Direitos Humanos, conhecida como Pacto de San José da Costa Rica, em 1969, dizia, no art. 19, que "toda criança tem direito às medidas de proteção, que, na sua condição de menor, requer, da parte da família, da sociedade e do Estado".

As Regras de Beijing, por sua vez, declararam que "os Estados-Membros devem procurar, de acordo com seus interesses, promover o bem-estar do menor e da família e (...) devem esforçar-se em desenvolver condições que assegurem ao menor uma vida útil à comunidade e fomentar o processo de desenvolvimento pessoal e de educação (...)".

Em 1989, a Convenção sobre os Direitos da Criança reuniu toda a normativa internacional anterior, constituindo instrumento fundamental de transformação e de implantação de uma nova percepção da condição da infância.

A expressão que melhor poderia sintetizar a transformação proposta pela Convenção é a situação "do menor como objeto da compaixão-repressão *versus* a da infância-adolescência como sujeito pleno de direitos".

Como consequência da implementação desse princípio de proteção de direitos, a Doutrina da Proteção Integral tornou-se um novo símbolo, um novo paradigma, um novo parâmetro, que, como acentuam Emílio García Mendéz e Mary Beloff, "cumpre uma função hermenêutica dentro dos limites do próprio direito da infantoadolescência, ao mesmo tempo em que permite interpretar, sistematicamente, suas disposições, reconhecendo o caráter integral dos direitos da infância (...). Ele obriga diversas autoridades, inclusive instituições privadas, a avaliar os interesses superiores da criança como uma consideração primordial para o exercício de suas atribuições".[1]

Assim, como fundamento jurídico dos tratados internacionais já citados, a Doutrina da Proteção Integral preconiza que o direito da criança não deve e não pode ser exclusivo de uma "categoria" de menor, classificado como "carente", "abandonado" ou "infrator", mas deve dirigir-se a *todas* as crianças e a *todos* os adolescentes, sem distinção. As medidas de proteção devem abranger todos os direitos proclamados pelos tratados internacionais e pelas leis internas dos Estados.

Entre nós a Doutrina da Proteção Integral foi consagrada no art. 227 da CF, rompendo definitivamente com a Doutrina da "Situação Irregular", que se encontrava em vigor por força da Lei 6.697/79 – Código de Menores.

O mandamento constitucional citado dispõe que "é dever da família, da sociedade e do Estado assegurar à criança e ao adolescente, com absolu-

---

1. Emílio García Mendéz e Mary Beloff, *Infancia, Ley e Democracia*, Buenos Aires, Depalma, 1998, p. 78.

ta prioridade, o direito à vida, à saúde, à alimentação, à educação, ao lazer, à profissionalização, à cultura, à dignidade, ao respeito, à liberdade e à convivência familiar e comunitária, além de colocá-los a salvo de toda forma de negligência, discriminação, exploração, violência, crueldade e opressão".

O Estatuto da Criança e do Adolescente – Lei 8.069/1990 –, ao regulamentar aquele dispositivo constitucional, reproduziu o conceito da proteção integral em seus arts. 1º a 6º.

Pela primeira vez na história das Constituições brasileiras o problema da criança é tratado como questão pública e abordado de forma profunda, atingindo radicalmente o sistema jurídico. Essa mudança é significativa, pois considera, a partir de agora, que crianças e adolescentes são pessoas em desenvolvimento e sujeitos de direitos, independentemente de sua condição social. Nessa perspectiva, criança e adolescente são os protagonistas de seus próprios direitos.

Mais evidente fica a modificação estrutural do direito da criança e do adolescente quando se busca no sistema anterior, sustentado pelo Código de Menores, a Doutrina da "Situação Irregular",[2] cujo princípio era destacado por Anísio Garcia Martins e decorria do fato de que "o menor estava numa situação de desenvolvimento natural, por sua deficiência etária, mental e jurídica, e não tinha capacitação para autodefender-se de fato ou de direito".[3]

Quando se faz uma comparação entre as doutrinas, percebe-se que a anterior estava eivada de conteúdo manifestamente discriminatório, onde, por exemplo, a "criança" era o filho "bem nascido", e o "menor", o infrator.[4]

Analisando a situação da criança na América Latina, Emílio García Mendéz conclui que existem dois tipos de infância: "uma minoria com as necessidades básicas amplamente satisfeitas (crianças e adolescentes); e uma maioria com suas necessidades básicas total ou parcialmente insatisfeitas (os menores)".[5]

2. Segundo De Plácido e Silva (*Vocabulário Jurídico*, Rio de Janeiro, Forense, 1982, p. 321), "irregular" significa "contrário a regular, que sai da regra jurídica ou contravém à lei ou ao regulamento. Equivalente a ilegal".
3. Anísio Garcia Martins, *Direito do Menor*, São Paulo, LEUD, 1988, p. 68.
4. Exemplos citados por João Batista da Costa Saraiva, *Adolescente e Ato Infracional – Garantias Processuais e Medidas Socioeducativas*, Porto Alegre, Livraria do Advogado, 1999, p. 19.
5. Emílio García Mendéz, "Legislação de menores na América Latina: uma doutrina em situação irregular", *Cadernos de Direito da Criança e do Adolescente* 2/22, 2ª ed., Recife, 1998.

A mudança de paradigma entre as duas doutrinas refletiu-se mais intensamente nos aspectos relacionados à organização e gestão dos serviços de atendimento, considerando, entretanto, que sua principal proposta de mudança outorgou o *status* de sujeitos de direitos às crianças e adolescentes.

Resumidamente, pode-se recordar as principais inovações introduzidas pelo Estatuto da Criança e do Adolescente, comparando-se com a legislação anterior:[6]

ASPECTO	CÓDIGO DE MENORES	ESTATUTO
Doutrinário	Situação irregular	Proteção integral
Caráter	Filantrópico	Política pública
Fundamento	Assistencialista	Direito subjetivo
Centralidade local	Judiciário	Município
Competência executória	União/Estados	Município
Decisório	Centralizador	Participativo
Institucional	Estatal	Cogestão c/ sociedade civil
Organização	Piramidal hierárquica	Rede
Gestão	Monocrática	Democrática

Pelo mandamento constitucional, os direitos de todas as crianças e adolescentes devem ser universalmente reconhecidos, por serem especiais e específicos, considerando-se a peculiar condição de pessoas em desenvolvimento.

Como regra de interpretação, o ECA estabelece, no art. 6º, que sejam respeitados: (a) os fins sociais da lei; (b) as exigências do bem comum; (c) os direitos e deveres individuais e coletivos; e (d) a condição peculiar da criança e do adolescente como pessoas em desenvolvimento.

A peculiaridade dessa condição específica da criança é reconhecida pela lei como uma característica intrínseca daquele sujeito de direitos.

A condição peculiar de pessoas em desenvolvimento sugere, primeiramente, que a criança e o adolescente não conhecem inteiramente seus direitos, não têm condições de defendê-los e fazê-los valer de modo

---

6. Quadro comparativo feito por Leoberto Narciso Brancher, "Organização e gestão do sistema de garantia de direitos da infância e da juventude", in *Encontros pela Justiça na Educação*, Brasília, FUNDESCOLA/MEC, 2001, p. 126.

A DOUTRINA DA PROTEÇÃO INTEGRAL

pleno, não sendo ainda capazes – principalmente as crianças – de suprir por si mesmas as suas necessidades.

No entanto, Antônio Carlos Gomes da Costa esclarece que a característica pessoal da criança e do adolescente como pessoas em condição peculiar de desenvolvimento "não pode ser definida apenas a partir do que a criança não sabe, não tem condições e não é capaz. Cada fase do desenvolvimento deve ser reconhecida como revestida de singularidade e de completude relativa, ou seja, a criança e o adolescente não são seres inacabados, a caminho de uma plenitude a ser consumada na idade adulta, enquanto portadora de responsabilidades pessoais, cívicas e produtivas plenas. Cada etapa é, à sua maneira, um período de plenitude, que deve ser compreendida e acatada pelo mundo adulto, ou seja, pela família, pela sociedade e pelo Estado".[7]

Todavia, quando se fala em *proteção integral dos direitos* supõe-se que o sistema legal garanta a satisfação de *todas* as necessidades de *todas* as crianças e adolescentes de até 18 anos de idade, privilegiando, sobretudo, seus direitos à vida, à saúde, à educação, à convivência familiar e comunitária, ao lazer, ao esporte, à profissionalização, à liberdade – enfim, todos os direitos da pessoa humana.

Segundo Munir Cury, Paulo Afonso Garrido de Paula e Jurandir Norberto Marçura, "a proteção integral tem como fundamento a concepção de que crianças e adolescentes são sujeitos de direitos frente à família, à sociedade e ao Estado. Rompe com a ideia de que sejam simples objetos de intervenção do mundo adulto, colocando-os como titulares de direitos comuns a toda e qualquer pessoa, bem como de direitos especiais decorrentes da condição peculiar de pessoas em desenvolvimento".[8]

A novel ideologia da proteção integral – fundamento do Estatuto da Criança e do Adolescente – está assentada no princípio de que todas as crianças e todos os adolescentes, sem distinção, desfrutam dos mesmos direitos e se sujeitam a obrigações compatíveis com a peculiar condição de pessoa em desenvolvimento.

O novo direito da criança e do adolescente traz – na visão de Antônio Fernando do Amaral e Silva – "normas e institutos exclusivos não de alguns, mas de todas as crianças e adolescentes. Consagra, na ordem

---

7. Antônio Carlos Gomes da Costa, in Munir Cury (coord.), *Estatuto da Criança e do Adolescente Comentado: Comentários Jurídicos e Sociais*, 11ª ed., São Paulo, Malheiros Editores, 2010, p. 59.
8. Munir Cury, Paulo Afonso Garrido de Paula e Jurandir Norberto Marçura, *Estatuto da Criança e do Adolescente Anotado*, 2ª ed., São Paulo, Ed. RT, 2000, p. 19.

jurídica, a Doutrina da Proteção Integral; reúne, sistematiza e normatiza a proteção preconizada pelas Nações Unidas".[9]

O Direito, que é caracterizado pela coercibilidade, passa a garantir às crianças e adolescentes "todos os direitos fundamentais inerentes à pessoa humana, assegurando-lhes todas as oportunidades e facilidades, a fim de lhes facultar o desenvolvimento físico, mental, moral, espiritual e social, em condições de liberdade e dignidade" – conforme dispõe o art. 3º do ECA.

Nesse aspecto, o novo direito da criança e do adolescente materializado na Lei 8.069/1990 não é apenas uma carta de intenções, mas normas com direitos objetivamente garantidos, capazes de possibilitar a invocação subjetiva para cumprimento coercitivo. Por conseguinte, assegura às crianças e adolescentes medidas de proteção e ações de responsabilidade por ofensa aos seus direitos.

Enfim, a Doutrina da Proteção Integral reconhece que todas as crianças e adolescentes são detentores de todos os direitos que têm os adultos e que sejam aplicáveis à sua idade, além dos direitos especiais que decorrem, precisamente, da especial condição de pessoas em desenvolvimento.

---

9. Antônio Fernando do Amaral e Silva, *O Novo Direito da Criança e do Adolescente e a Justiça da Infância e da Juventude*, Florianópolis, Diretoria de Documentação e Publicações do TJSC, 1996, p. 4.

4
O PRINCÍPIO CONSTITUCIONAL DA ABSOLUTA PRIORIDADE

As convenções e tratados que versavam sobre a proteção à infância, de um modo ou de outro, todos eles buscavam o bem-estar da criança. Contudo, o *princípio da absoluta prioridade* foi fixado no art. 3º da Convenção das Nações Unidas sobre os Direitos da Criança, ao estabelecer que "todas as ações relativas às crianças, levadas a efeito por instituições públicas ou privadas de bem-estar social, tribunais, autoridades administrativas ou órgãos legislativos, devem considerar, *primordialmente* [*com prevalência*], o interesse superior da criança". Sob essa denominação a Convenção definiu o objetivo de estender a proteção legal à criança, de forma completa, integral e com absoluta prevalência.

A determinação de prioridade no atendimento aos direitos infanto-juvenis inserida no texto da Convenção é uma garantia e um vínculo normativo idôneo para assegurar a efetividade dos direitos subjetivos; é um princípio jurídico-garantista na formulação pragmática, por situar-se como um limite à discriminação das autoridades.

O texto da Convenção, constituindo poderoso instrumento de incentivo à criação de condições políticas, jurídicas e culturais, propõe melhorar a condição de vida de crianças e adolescentes. Converter o tema da infância em prioridade absoluta constitui o pré-requisito político e cultural dessas transformações.

Com esse propósito, a Constituição Federal de 1988 inseriu um princípio[1] – até então inédito – que previa o atendimento diferenciado e

1. Rogério Lauria Tucci, *Princípios e Regras Orientadoras do Novo Processo Penal Brasileiro*, Rio de Janeiro, Forense, 1986, pp. 4-9. O autor apresenta três significados de "princípio", um lógico, um normativo e o outro metafísico e objetivo,

privilegiado de todos os direitos de crianças e adolescentes: o *princípio da absoluta prioridade*. Esse princípio está no art. 227 da CF, que diz: "É dever da família, da sociedade e do Estado assegurar à criança e ao adolescente, com *absoluta prioridade*, o direito à vida, à saúde, à alimentação, à educação, ao lazer, à profissionalização, à cultura, à dignidade, ao respeito, à liberdade e à convivência familiar e comunitária, além de colocá-los a salvo de toda forma de negligência, discriminação, exploração, violência, crueldade e opressão".

O sentido mais comum do termo "prioridade", anotado por Aurélio Buarque de Holanda Ferreira, é: "(1) qualidade do que está em primeiro lugar ou do que aparece primeiro; primazia; (2) preferência dada a alguém relativamente ao tempo de realização de seu direito, com preterição do de outros; primazia; (3) qualidade duma coisa que é posta em primeiro lugar, numa série ou ordem".[2]

O vocábulo "absoluta", consagrado pelo mesmo autor, significa "ilimitada, irrestrita, plena, incondicional".

Colocados em conjunto, os vocábulos representam e firmam o significado do princípio constitucional consagrado, determinando, *erga omnes*, a primazia do atendimento sobre quaisquer outros direitos.

Proposto de forma superficial, esse princípio poderia sugerir e implicar um desnível de tratamento e de garantia de direitos proposto pela Constituição, ao mesmo tempo em que assegura que "todos são iguais perante a lei". E é justamente com fundamento neste dispositivo constitucional que o princípio da absoluta prioridade no atendimento aos direitos da criança e do adolescente se faz paritário com os direitos dos demais cidadãos: a criança e o adolescente, em sua peculiar condição de pessoas em desenvolvimento, requerem tratamento jurídico especial.

O respeito à diferença entre os sujeitos de direito – e especificamente a criança e o adolescente – não implica discriminação ou violação do princípio da isonomia consagrado pela Constituição.

preferindo concluir por um conceito que engloba todos os aspectos, proposto por Nicola Abbagnano (*Dicionário de Filosofia*, São Paulo, Mestre Jou, 1970, p 760), que diz que "princípio é aquilo que é ponto de partida ou do ser ou do tornar-se ou do conhecer". Acrescenta, ainda, em consonância com Luís Washington Vita (*Introdução à Filosofia*, São Paulo, Melhoramentos, 1964, p. 67), que "os princípios são juízos – afirmações – sem os quais é impossível construir o sistema de relações em que cada ciência consiste". Cf. também Ronald Dworkin, *A Matter of Principle*, Cambridge, Harvard University Press, 1985, pp. 72-103.

2. Aurélio Buarque de Holanda Ferreira, *Novo Dicionário Aurélio da Língua Portuguesa*, 1ª ed., Rio de Janeiro, Nova Fronteira, 1975, p. 1.148.

Quando o Estado de Direito foi implantado, buscou-se a igualdade de todos perante a lei, sem privilégios. Ou seja: não poderiam mais haver exceções que permitissem que indivíduos ou grupos tivessem tratamento diferenciado perante a lei. Por isso, salientou Manoel Gonçalves Ferreira Filho que "a uniformidade do Direito não significa, todavia, que não haja distinções no tratamento jurídico. As distinções são, ao contrário, uma própria exigência da igualdade".[3]

É certo que a igualdade preconizada pelo texto constitucional consiste em tratar igualmente os iguais e desigualmente os desiguais, na medida em que se desigualam. Se houvesse a possibilidade jurídica de tratar igualmente os desiguais ou desigualmente os iguais, isso importaria injustiça e violação do princípio da igualdade.

A diferença de condição dos sujeitos de direito – no caso, criança e adolescente – de certa forma "compensa" a desigualdade; e é por isso que a Constituição propõe esse ajustamento proporcional de situações desiguais, visando à igualdade, que é baseada na relação entre o critério de diferenciação e a finalidade pretendida pela Constituição: a isonomia.

Portanto, o tratamento jurídico diferenciado proposto pela Constituição, determinando que sejam atendidos com absoluta prioridade os direitos da criança e do adolescente, não fere o princípio da igualdade perante a lei, porque propõe uma nova condição especial (condição peculiar de desenvolvimento) daqueles sujeitos de direitos.

O princípio constitucional da prevalência do atendimento, apoio e proteção à infância e juventude estabelece a necessidade de cuidar de modo especial daquelas pessoas, por sua natural fragilidade ou por estarem numa fase em que se completa sua formação, com riscos maiores.

Traduzindo o preceito constitucional exarado no art. 227, o ECA definiu e materializou o conceito de "absoluta prioridade" no parágrafo único do art. 4º, que dispõe: "a) primazia de receber proteção e socorro em quaisquer circunstâncias; b) precedência de atendimento nos serviços públicos ou de relevância pública; c) preferência na formulação e na execução das políticas sociais públicas; e d) destinação privilegiada de recursos públicos nas áreas relacionadas com a proteção à infância e à juventude".

A enumeração de prioridades contida nesse parágrafo é apenas exemplificativa e representa o mínimo exigível de situações em que de-

---

3. Manoel Gonçalves Ferreira Filho, *Direitos Humanos Fundamentais*, 3ª ed., São Paulo, Saraiva, 1999, p. 111.

verá ser assegurada a preferência no atendimento aos direitos da criança e do adolescente.

"Por *absoluta prioridade* devemos entender que a criança e o adolescente deverão estar em primeiro lugar na escala de preocupação dos governantes; devemos entender que, primeiro, devem ser atendidas todas as necessidades das crianças e adolescentes, (...).

"Por *absoluta prioridade* entende-se que, na área administrativa, enquanto não existirem creches, escolas, postos de saúde, atendimento preventivo e emergencial às gestantes, dignas moradias e trabalho, não se deveria asfaltar ruas, construir praças, sambódromos, monumentos artísticos etc., porque a vida, a saúde, o lar, a prevenção de doenças, são mais importantes que as obras de concreto que ficam para demonstrar o poder do governante."[4]

Quando a Constituição Federal determina o tratamento prioritário à criança e ao adolescente, quer assegurar que sua vontade seja respeitada.[5] Aquilo que é identificado como vontade da Constituição deve ser honestamente preservado, mesmo que para isso se tenha de renunciar a alguns benefícios ou, até, a algumas vantagens justas. A preservação de um princípio constitucional fortalece o respeito à Constituição e assegura um bem jurídico indispensável à essência do Estado Democrático. Ao contrário, a sucumbência do princípio constitucional põe em risco todo o arcabouço de conquistas jurídicas até então asseguradas, com o risco de não mais serem recuperadas.

Nesse sentido, preocupante é a advertência de Ana Maria Moreira Marchesan no sentido de que "oprimir a eficácia do princípio da prioridade absoluta é condenar seus destinatários à marginalidade, à opressão, ao descaso. É fazer de um diploma que se pretende revolucionário, o Estatuto da Criança e do Adolescente, instrumento de acomodação".[6]

---

4. Cf., do autor, *Comentários ao Estatuto da Criança e do Adolescente*, 11ª ed., São Paulo, Malheiros Editores, 2010, pp. 18-19.

5. Nesse sentido, o TJDF, na ACi 62, de 16.4.1993 – Acórdão 3.835 –, julgou que: "Do estudo atento desses dispositivos legais e constitucionais se dessome que não é facultado à Administração alegar falta de recursos orçamentários para a construção dos estabelecimentos aludidos, uma vez que a Lei Maior exige prioridade absoluta – art. 227 – e determina a inclusão de recursos no orçamento. Se, de fato, não os há, é porque houve desobediência, consciente ou não, pouco importa, aos dispositivos constitucionais precitados, encabeçados pelo § 7º do art. 227".

6. Ana Maria Moreira Marchesan, "O princípio da prioridade absoluta aos direitos da criança e do adolescente e a discricionariedade administrativa", *Revista Igualdade* 6-21/25, Curitiba, Ministério Público do Estado do Paraná, 1998.

Por fim, ressalta-se que a aludida prioridade não é obrigação exclusiva do Estado. O texto constitucional convoca a família e a sociedade, para que, em suas respectivas atribuições, imprimam preferencial cuidado em relação às crianças e adolescentes.

5

O ADOLESCENTE AUTOR DE ATO INFRACIONAL E AS MEDIDAS PUNITIVAS: A INTERVENÇÃO REPRESSIVA DO ESTADO

5.1 Decreto 17.943-A, de 1927/Código de Menores "Mello Mattos". 5.2 Decreto-lei 3.799, de 1941/Serviço de Assistência a Menores (SAM). 5.3 Decreto-lei 3.914, de 1941/Lei de Introdução ao Código Penal. 5.4 Decreto-lei 6.026, de 1943/Alteração do Decreto 17.943-A, de 1927. 5.5 Lei 4.513, de 1964/Fundação Nacional do Bem-Estar do Menor (FUNABEM). 5.6 Lei 5.258, de 1967, com as alterações da Lei 5.439, de 1968/Lei Relativa a Menores Infratores. 5.7 Lei 6.697, de 1979/Código de Menores: 5.7.1 Advertência – 5.7.2 Entrega aos pais ou responsável, ou a pessoa idônea, mediante termo de responsabilidade – 5.7.3 Colocação em lar substituto – 5.7.4 Imposição do regime de liberdade assistida – 5.7.5 Colocação em casa de semiliberdade – 5.7.6 Internação em estabelecimento educacional, ocupacional, psicopedagógico, hospitalar, psiquiátrico ou outro adequado. 5.8 Lei 8.069, de 1990/Estatuto da Criança e do Adolescente (ECA): 5.8.1 Advertência – 5.8.2 Obrigação de reparar o dano – 5.8.3 Prestação de serviços à comunidade – 5.8.4 Liberdade assistida – 5.8.5 Inserção em regime de semiliberdade – 5.8.6 Internação em estabelecimento educacional. 5.9 Sistema Nacional de Atendimento Socioeducativo (SINASE).

O presente estudo limita-se a analisar a produção legislativa que mais proximamente se preocupou com definir e organizar a intervenção estatal como resposta à prática de infração penal atribuída ao menor de 18 anos.

Além de verificar o movimento legislativo, o estudo se propõe a distinguir, entre as medidas aplicadas aos infratores menores de 18 anos, aquelas de natureza punitiva das de proteção de caráter assistencial, preventivo ou filantrópico.

Embora, tecnicamente, isso seja possível, é necessário lembrar que a legislação destinada a regular a prática de atos ilícitos por menores de 18 anos de idade, a partir do Decreto 17.943-A/1927, determinava que a intervenção estatal objetivasse a proteção, a prevenção e a reeducação do infrator, não impedindo que, para atingir o fim colimado, lhe fosse aplicada medida de privação de liberdade travestida de *institucionalização*. Essa ideia permaneceu intransigente até a promulgação da Lei 8.069/1990, que, de forma definitiva, separou as medidas em *protetivas* e *socioeducativas*, sendo as primeiras destinadas à criança e ao adolescente em situação de risco pessoal e social, bem como à criança autora de ato infracional, e as segundas, com exclusividade, aos adolescentes infratores.

A medida de internação ou de institucionalização, aplicada aos menores infratores com menos de 18 anos, tinha natureza explícita de privação de liberdade. Embora o legislador e os práticos do Direito não admitissem, a finalidade daquela medida era de "retribuição" à prática do ilícito, e não a de "curar" ou "proteger" a criança ou o adolescente que praticavam atos ilícitos.

A medida de internação era considerada remédio para todos os "casos": destinava-se à criança abandonada, que precisava de um lar, e ao adolescente autor de ato infracional, sendo ele perigoso ou não. Bastaria que a criança ou o adolescente estivessem num "grupo de risco" para autorizar o juiz a aplicar a medida.

Com a visão no presente, percebe-se que a medida extrema da internação – ou da institucionalização – era, na verdade, uma ofensa ao direito de locomoção da criança e do adolescente. Sua aplicação pretendeu regenerar o infrator, porém sua prática revelou a retributividade, como se pena fosse, com expoente caráter punitivo.

Além da ofensa ao direito de ir e vir, as medidas aplicadas agrediam o princípio da legalidade, vez que a criança ou o adolescente, na maioria das vezes, não praticavam qualquer ato ilícito, e mesmo assim eram condenados à institucionalização, com a privação de liberdade.

Sob esse enfoque – e indicando, também, outras medidas de caráter "protetivo" –, inicia-se o estudo pelo Decreto 17.943-A/1927, conhecido por Código de Menores "Mello Mattos"; pelo Decreto-lei 3.799/1941, que criou o Serviço de Assistência a Menores/SAM; pelo Decreto--lei 3.914/1941 – Lei de Introdução ao Código Penal; pelo Decreto-lei 6.026/1943; pela Lei 4.513/1964, que instituiu a Fundação Nacional do Bem-Estar do Menor/FUNABEM; pela Lei 5.258/1967, com as alterações da Lei 5.439/1968 – Lei Relativa a Menores Infratores; pela Lei 6.697/1979 – Código de Menores; e, por fim, pela Lei 8.069/1990, o Estatuto da Criança e do Adolescente/ECA.[1]

5.1 Decreto 17.943-A, de 1927/Código de Menores "Mello Mattos"

O Decreto 17.943-A, de 12.10.1927, conhecido por Código de Menores "Mello Mattos", consolidou as leis de assistência e proteção a menores. No art. 1º dispunha sobre seu objeto e finalidade: "O menor, de um ou outro sexo, abandonado ou delinquente, que tiver menos de 18 (dezoito) anos de idade, será submetido pela autoridade competente às medidas de assistência e proteção contidas neste Código".

Duas eram as categorias de menores: os *abandonados* (incluindo os vadios, mendigos e libertinos, conforme os arts. 28, 29 e 30 do Código) e os *delinquentes*, independentemente da idade que tinham, desde que fosse inferior a 18 anos.

Não havia distinção entre menores abandonados e delinquentes para autorizar a aplicação das medidas. Se o menor praticasse ato que fosse considerado infração penal, receberia as medidas mais gravosas, como a internação; se o menor fosse abandonado ou carente, também poderia ser internado em asilo ou orfanato, conforme a conveniência do juiz.

Assim, os menores *abandonados*, citados no art. 26, são aqueles que: "I – não tenham habitação certa, nem meios de subsistência, por serem seus pais falecidos, desaparecidos ou desconhecidos ou por não terem tutor ou pessoa sob cuja guarda vivam; II – que se encontrem, eventualmente, sem habitação certa, nem meios de subsistência, devido a indigência, enfermidade, ausência ou prisão dos pais, tutor ou pessoa encarregada de sua guarda; III – que tenham pai, mãe ou tutor ou encarregado de sua guarda reconhecidamente impossibilitado ou incapaz de cumprir os seus deveres para com o filho ou pupilo ou protegido; IV – que vivam em companhia de pai, mãe, tutor ou pessoa que se entregue à prática de atos contrários à moral e aos bons costumes; V – que se encontrem em estado habitual de vadiagem, mendicidade ou libertinagem; VI – que frequentem lugares de jogo ou de moralidade duvidosa, ou andem na companhia de gente viciosa ou de má vida; VII – que, devido a crueldade, abuso de autoridade, negligência ou exploração dos pais, tutor ou encarregado de sua guarda, sejam: a) vítimas de maus-tratos físicos habituais ou castigos

---

1. Sérgio Salomão Shecaira e Alceu Corrêa Jr., *Pena e Constituição: Aspectos Relevantes para sua Aplicação e Execução*, São Paulo, Ed. RT, 1995, pp. 34 e ss.

imoderados; b) privados habitualmente dos alimentos ou dos cuidados indispensáveis à saúde; c) excitados habitualmente para a gatunice, mendicidade ou libertinagem; VIII – que tenham pai, mãe ou tutor ou pessoa encarregada de sua guarda[2] condenado por sentença irrecorrível: a) a mais de 2 (dois) anos de prisão por qualquer crime; b) a qualquer pena como coautor, cúmplice, encobridor ou receptador de crime cometido por filho, pupilo ou menor sob sua guarda, ou por crime contra estes".

O art. 55 do Código de Menores autorizava o juiz a aplicar medidas de caráter *não punitivo* aos menores *abandonados*, a saber, "a) entregá-lo a pessoa idônea, ou interná-lo em hospital, asilo, instituto de educação, oficina, escola de *preservação*[3] ou de *reforma*;[4] b) ordenar as medidas convenientes aos que necessitem de tratamento especial, por sofrerem de qualquer doença física ou mental; c) decretar a suspensão ou a perda do pátrio poder ou a destituição da tutela; d) regular, de maneira diferente das estabelecidas nos dispositivos deste artigo, a situação do menor, se houver para isso motivo grave e for do interesse do menor".

Em suma, podia o juiz aplicar as medidas de guarda e responsabilidade, a guarda mediante soldada, a tutela, a perda, suspensão e a delegação do pátrio poder, a destituição da tutela, a adoção e a internação. A despeito de ser judicial, o processo não contemplava a garantia da ampla defesa e do contraditório, e tampouco a manifestação do Ministério Público.

De todas as medidas de natureza não punitiva anunciadas, algumas merecem destaque, tais como a guarda e responsabilidade, a guarda mediante soldada, a delegação do pátrio poder e a internação.

Ao menor em situação de abandono o Código previa que este poderia ser entregue a uma família, sob *guarda e responsabilidade*, para dar--lhe a devida assistência, como se em sua família estivesse.

2. A pessoa encarregada da guarda do menor era aquela que tinha a responsabilidade de vigilância, direção ou educação do menor.
3. Segundo o art. 199 do Código de Menores de 1927, *escola de preservação*, para menores do sexo feminino, "é destinada a dar educação física, moral, profissional e literária às menores que a ela forem recolhidas por ordem do juiz competente". Nela não poderiam ser colocadas menores com idade inferior a 7 anos nem excedente a 18 anos. Às menores seriam ensinados os seguintes ofícios: costura e trabalhos de agulha, lavagem de roupa, engomagem, datilografia, manufatura de chapéus, cozinha, jardinagem, horticultura, pomicultura e criação de aves (arts. 200-202).
4. Segundo o art. 204 do Código de Menores de 1927, *escola de reforma* é a "destinada a receber, para regenerar pelo trabalho, educação e instrução, os menores do sexo masculino, constituída cada uma por número não superior a 20 (vinte) menores, para uma lotação de 200 (duzentos) delinquentes".

A *guarda mediante soldada*, prevista no art. 49 do Código, consistia em colocar o menor em família substituta, que receberia uma importância em dinheiro pelo serviço de assistência moral e intelectual e proteção ao menor. Geralmente essa guarda era destinada às meninas, que desenvolviam trabalhos domésticos.

A *delegação do pátrio poder*, prevista no art. 46 do Código, era considerada medida de tratamento e de prevenção. Ela ocorria com a transferência do pátrio poder dos pais a uma pessoa que iria cuidar de uma criança. Era, na verdade, um acordo que os pais do menor faziam com a pessoa que iria assumir sua guarda ou com a instituição que abrigaria o menor. Nesse caso, a medida era destinada a regularizar a situação de menores internados ou institucionalizados. Essa medida poderia ser desfeita a qualquer momento, segundo a vontade das partes.

Com efeito, a *internação* ou *institucionalização* – embora considerada de natureza punitiva – receberia nova conotação quando aplicada aos menores carentes ou abandonados, que eram colocados em asilos e orfanatos. O legislador do Código de Menores de 1927 conferiu natureza protetiva a esse tipo de institucionalização, porque seus protagonistas necessitavam de tratamento psicológico e tinham graves desvios de comportamento (exceto a prática de infrações penais); ou como define, atualmente, o Estatuto da Criança e do Adolescente, estavam em situação de risco pessoal e social.

A medida de internação era cumprida em asilos, orfanatos, patronatos, hospitais, educandários e instituições, sobretudo religiosas, que se dedicavam a dar tratamento educativo e curativo àqueles menores.

Além da internação para tratamento, se o menor abandonado, com idade inferior a 18 anos, fosse achado vadiando, mendigando ou entregue à libertinagem em situação habitual,[5] seria apreendido e apresentado à autoridade judiciária, que poderia – além de repreendê-lo e entregá-lo à pessoa sob guarda– interná-lo em *escola de preservação*, até que completasse a maioridade.

Vê-se que a motivação para a institucionalização, já naquela época, era mais rígida para o infrator menor de 18 anos que para o adulto. Tal fato não acontece nos dias de hoje. O Estatuto da Criança e do Adolescente privilegia a manutenção da criança em sua casa, próximo à sua família.

5. Segundo o parágrafo único do art. 61 do Código de Menores de 1927, "entende-se que o menor é vadio ou mendigo habitual, quando apreendido em estado de vadiagem ou mendicância mais de duas vezes".

É junto dos pais e da família que é feito o acompanhamento da criança e do adolescente, inclusive pelo Conselho Tutelar.

As medidas pertinentes aos menores abandonados seriam revisadas de três em três anos, quando seus efeitos não houvessem cessado no intervalo de cada período.

Aos adolescentes considerados *delinquentes* o Código de Menores de 1927 instituiu as medidas de natureza *estritamente punitivas*, distinguindo-os entre o infrator maior ou menor de 14 anos. Se menor, o autor ou cúmplice de fato qualificado como crime ou contravenção não podia ser submetido a processo penal. Neste caso, a autoridade competente tomaria somente as informações sobre o fato punível e seus agentes, o estado físico, mental e moral do menor e a situação social, moral e econômica dos pais ou tutor (art. 68).

Situação semelhante aconteceu na vigência do Código de Menores de 1979 e no Estatuto da Criança e do Adolescente. O Código de Menores de 1979 seguiu o mesmo procedimento instaurado no Código de Menores de 1927, com as modificações na área de definição do tempo de cumprimento das medidas aplicadas aos abandonados e delinquentes. O Estatuto, por sua vez, impede que a criança com menos de 12 anos de idade seja submetida a processo judicial de apuração do ato infracional praticado.

Se, no entanto, o menor de 14 anos fosse portador de deficiência física ou mental ou epiléptico e precisasse de cuidados especiais, a autoridade ordenaria que ele fosse submetido a tratamento apropriado (art. 68, § 1º).

Se o menor não fosse nem abandonado nem pervertido, nem estivesse na iminência de o ser, nem precisasse de tratamento especial, a autoridade poderia recolhê-lo a uma escola de reforma, pelo prazo de um a cinco anos (art. 68, § 2º).

A política de atendimento à criança e ao adolescente em situação especial de risco na vigência do Código de Menores de 1927 e também na do Código de 1979 era verticalizada – ou seja: era determinada de cima para baixo –, tendo o juiz como o agente identificador das necessidades das crianças e adolescentes e, ao mesmo tempo, fixador do "tratamento" adequado para o "distúrbio" apresentado.

A aplicação de medida de internação e/ou institucionalização aos adolescentes que não apresentavam qualquer problema de conduta era definida, assim, pelo simples fato de serem abandonados. A diferença para o menor *delinquente* era que este seria internado em escola de reforma e o *abandonado* num asilo, hospital ou orfanato.

Todavia, se o menor de 14 anos fosse abandonado, pervertido ou estivesse em perigo de o ser, a autoridade poderia interná-lo em uma escola de reforma, por todo o tempo necessário à sua educação, que poderia ser de três anos no mínimo e de sete no máximo (art. 68, § 3º).

Mesmo no caso de menor de 14 anos considerado autor ou cúmplice de fato qualificado como crime ou contravenção, e considerando as circunstâncias da infração e as condições especiais do agente ou se seus pais, tutor ou responsável pela guarda não tivessem condições de assisti-lo, o juiz poderia colocá-lo em asilo, casa de educação ou escola de preservação ou o confiaria a pessoa idônea, até que completasse 18 anos de idade. A restituição do menor aos pais, tutor ou responsável poderia ser antecipada, por ordem do juiz, com prévia justificativa de seu bom comportamento (art. 79).

Por outro lado, o menor delinquente com mais de 14 anos e menos de 18 que fosse considerado autor ou cúmplice de fato qualificado como crime ou contravenção seria submetido a processo especial, onde a autoridade judiciária colheria as informações necessárias sobre seu estado físico, mental e moral, bem como da situação dos pais ou responsável (art. 69). Se, porém, o infrator fosse portador de deficiência física ou mental, a autoridade o conduziria a tratamento adequado.

Entretanto, se o menor fosse abandonado, pervertido ou estivesse na iminência de o ser, a autoridade poderia interná-lo em escola de reforma, por todo o tempo necessário à sua educação, que poderia ser de três anos no mínimo e de sete no máximo (art. 69, § 2º).

Havia, no entanto, vedação expressa no art. 86 do Código de Menores de 1927 a que o menor de 18 anos preso, por qualquer motivo, ou apreendido fosse recolhido à prisão comum. Isso significava que o menor apreendido deveria ser colocado em instituições especiais, pelo menos até o julgamento. As exceções estavam no enunciado dos arts. 71 e 87, que previam, respectivamente,a transferência do menor entre 16 e 18 e entre 14 a 18 anos, para a prisão de adultos no caso de intensa gravidade do fato ou de impossibilidade de interná-los em estabelecimentos adequados.

O desligamento da escola de reforma do menor infrator entre 14 e 18 anos poderia ser ordenado pela autoridade judiciária desde que verificadas a personalidade moral do menor, a natureza da infração e as circunstâncias do ato ilícito, bem como seu comportamento no reformatório (art. 80).

MEDIDAS PUNITIVAS: INTERVENÇÃO REPRESSIVA DO ESTADO 71

Mais grave, porém, era a situação do menor infrator que estivesse com idade entre 16 e 18 anos. Se o crime que ele praticara fosse considerado grave pelas circunstâncias do fato e condições pessoais do agente, além de ficar provado que se tratava de indivíduo perigoso, pelo seu estado de perversão moral, o juiz lhe aplicaria o art. 65 do CP e o remeteria a estabelecimento para condenados de menoridade; ou, em falta deste, a uma prisão comum, com separação dos condenados adultos, onde permaneceria até que se verificasse sua regeneração, sem que a duração da pena pudesse exceder seu máximo legal (art. 71).

Se se tratasse apenas de contravenção, que não revelasse vício ou má índole, o juiz poderia advertir o menor e entregá-lo aos pais, tutor ou encarregado de sua guarda, sem proferir condenação (art. 72).

É interessante notar que, mesmo em caso de ser absolvido, o juiz poderia: "a) entregar o menor aos pais ou tutor ou pessoa encarregada de sua guarda; b) entregar o menor sob condições, como a submissão ao patronato, a aprendizagem de um ofício ou uma arte, a abstenção de bebidas alcoólicas, a frequência de uma escola, a garantia de um bom comportamento, sob pena de suspensão ou perda do pátrio poder ou destituição da tutela; c) entregar o menor a pessoa idônea ou instituto de educação; e d) sujeitar o menor à liberdade vigiada" (art. 73).

O citado Código proibiu a internação de adolescentes delinquentes nas prisões destinadas aos adultos. O mesmo aconteceu com as determinações do Código de Menores de 1979 e com o Estatuto da Criança c do Adolescente. A prática de aprisionar adolescentes infratores em prisões de adultos, embora fosse proibida, já naquela época – e também hoje – era utilizada com frequência, pois não havia uma política de atendimento que concretizasse ações voltadas para a privação de liberdade daqueles infratores.

Essa prática foi se sedimentando no tempo, instituindo e formando uma cultura no sentido de que a melhor e mais fácil política de atendimento para o infrator era, sem dúvida, a internação. E, não havendo local especial destinado ao cumprimento da medida segregativa, utilizavam-se as celas prisionais destinadas aos adultos.

A consequência da alimentação dessa cultura vinha estampada em todos os jornais da atualidade: reformatórios, prisões e FEBEMs (hoje, Fundação CASA) completamente superpovoados de adolescentes, sem qualquer perspectiva de melhora de sua condição de vida.

Além da internação – que, praticamente, servia para todas as ocasiões –, o menor delinquente estava sujeito à medida punitiva de *liberda-*

de vigiada, que, de acordo com o disposto no art. 92 do Código, consistia em "ficar o menor em companhia e sob a responsabilidade dos pais, tutor ou guarda, ou aos cuidados de um patronato, e sob a vigilância do juiz, de acordo com os preceitos seguintes: 1 – A vigilância sobre os menores será executada pela pessoa e sob a forma determinada pelo respectivo juiz; 2 – O juiz pode impor aos menores as regras de procedimento e aos seus responsáveis as condições que achar conveniente; 3 – O menor fica obrigado a comparecer em juízo, nos dias e horas que forem designados. Em caso de morte, mudança de residência ou ausência não autorizada do menor, os pais, o tutor ou guarda são obrigados a prevenir o juiz sem demora; 4 – Entre as condições a estabelecer pelo juiz, pode figurar a obrigação de serem feitas as reparações, indenizações ou restituições devidas, bem como as de pagar as custas do processo, salvo caso de insolvência provada e reconhecida pelo juiz, que poderá fixar prazo para ultimação desses pagamentos, em atenção às condições econômicas e profissionais do menor e do seu responsável legal; 5 – A vigilância não excederá 1 (um) ano; 6 – A transgressão dos preceitos impostos pelo juiz é punível: a) com multa; b) com detenção do menor até 8 (oito) dias; e c) com a remoção do menor".

A liberdade vigiada poderia, entretanto, ser revogada se o menor cometesse algum crime ou contravenção que importasse pena restritiva de liberdade ou se ele não cumprisse alguma das cláusulas impostas pelo juiz. Neste caso, ele seria novamente internado, e o tempo decorrido durante o livramento não seria computado (art. 94).

A citada medida poderia ser concedida pelo juiz ou tribunal, *ex officio* ou mediante iniciativa, e por proposta do diretor da respectiva escola, que deveria fundamentar seu pedido (art. 95)

Ao menor e aos seus pais o juiz explicaria o caráter e o objeto da medida. No entanto, se o menor ou sua família não oferecessem garantias de moralidade ou não pudessem cuidar dele, o menor seria colocado numa oficina ou estabelecimento industrial ou agrícola, sob vigilância de pessoa previamente designada pelo juiz, que deveria firmar compromisso e obrigar-se, continuamente, pelo comportamento do menor, visitá-lo frequentemente na sua casa ou em qualquer outro lugar, fazendo relatório ao juiz da situação que encontrasse, principalmente sobre a situação moral e material do menor (arts. 97 e 98).

A medida de liberdade vigiada poderia também ser aplicada como "progressão" ao menor que se encontrasse internado, como previsto no Código de Menores de 1979 e no Estatuto da Criança e do Adolescente (*liberdade assistida*).

Assim dizia o art. 99: "O menor internado em escola de reforma poderá obter liberdade vigiada, concorrendo às seguintes condições: a) se tiver 16 (dezesseis) anos completos; b) se houver cumprido, pelo menos, o mínimo legal do tempo de internação; c) se não houver praticado outra infração; d) se for considerado moralmente regenerado; e) se estiver apto a ganhar, honradamente, a vida ou tiver meios de subsistência ou quem lhos ministre; f) se a pessoa ou família, em cuja companhia tenha de viver, for considerada idônea, de modo que seja presumível não cometer outra infração".

O Código ainda relacionava, no art. 100, uma série de oportunidades que possibilitavam a imposição da medida, com caráter sancionatório, de forçar os pais a cuidarem de seus filhos; o juiz ou tribunal, entretanto, poderia aplicá-la sempre que julgasse necessário à segurança ou moralidade do menor.

É interessante notar que, subordinado ao juiz de menores, haveria um abrigo destinado a receber, provisoriamente, os menores abandonados e delinquentes até que fossem encaminhados definitivamente para outro local (art. 189). Esse abrigo, que funcionava no mesmo edifício do juízo de menores, era composto de duas divisões, para abrigar os menores de ambos os sexos. Essas divisões, por sua vez, subdividiam-se em mais duas, para separar os menores abandonados dos delinquentes, que seriam distribuídos conforme o motivo do recolhimento, sua idade e grau de perversão.

Ali os menores se ocupavam da leitura, dos exercícios de contas, lições de coisas e desenhos, trabalhos manuais, ginástica e jogos. Os que ali chegavam eram recolhidos a um pavilhão de observação, com aposentos de isolamento; depois de inscritos na Secretaria, eram fotografados, identificados e examinados pelo médico e por um professor, ficando em observação pelo tempo necessário.

O Código de Menores de 1927 instituiu a medida de liberdade vigiada, estando implícita nela a de prestação de serviços à comunidade e a obrigação de reparar os danos causados pelo menor infrator e a internação ou institucionalização do menor, não importando se ele era abandonado ou delinquente.

A medida de liberdade vigiada serviu de modelo para a implantação da medida socioeducativa de liberdade assistida, prevista nos arts. 112 e 118 do ECA, que será adotada sempre que se afigurar a medida mais adequada para o fim de acompanhar, auxiliar e orientar o adolescente.

Diferentemente da disposição do Código de Menores de 1927, a medida socioeducativa de liberdade assistida jamais poderá ser aplicada *ex officio* pelo juiz ou tribunal; ela poderá ser aplicada somente após o procedimento judicial que apurar a prática do ato infracional do adolescente, garantida a ampla defesa do infrator.

Naquela época a leitura que se fazia da prática da aplicação de medidas às crianças e adolescentes em situação de risco pessoal ou social, especialmente aos autores de ato infracional, tinha conotação mais social que jurídica, embora se note claramente o caráter punitivo das medidas de liberdade vigiada e de privação de liberdade.

Apesar de os problemas apresentados – tendo como vítimas ou protagonistas as crianças e adolescentes – serem praticamente da mesma natureza que os atuais, a abordagem do tema sofreu uma evolução, adequando-se às normativas internacionais e aos princípios constitucionais vigentes.

Tem-se como fato social que no início do século passado crianças e adolescentes não representavam uma classe detentora de direitos. Hoje, crianças e adolescentes são protagonistas de seus próprios direitos, condensados num conjunto de normas de suporte constitucional, exigindo, por isto, a completude de direitos e procedimentos assegurados na Constituição Federal e leis ordinárias.

A aplicação de medidas de privação de liberdade, outrora chamada de "institucionalização" ou de "internação", sem o devido processo legal não coincide com o comando da atual legislação.

Sob o pretexto de "proteger" o menor, o juiz determinava sua internação em hospitais, asilos, orfanatos e outros lugares, onde lhe era prestada assistência. Não havia qualquer compromisso institucional com a peculiar situação de pessoas em desenvolvimento de crianças e adolescentes. Esse posicionamento perdurou até a edição da Constituição Federal de 1988 e da Lei 8.069/1990, que instituíram a Doutrina da Proteção Integral dos direitos da criança e do adolescente.

Tem-se a impressão de que a aplicação de medidas – tanto as privativas de liberdade de natureza punitiva quanto as de meio aberto, não punitivas – visava, sobretudo, à eliminação dos "indesejáveis" da sociedade, sem privilégio de garantia de direitos. Essa prática perdurou por todo o tempo em que se manteve a ausência da garantia dos direitos infantojuvenis, inclusive na vigência da Constituição Federal de 1967/1969.

A legislação de 1927, influenciada pelo Código Criminal do Império, privilegiava a internação e/ou institucionalização de menores de 14 anos de idade mesmo que não tivessem praticado qualquer ato infracional. A segregação física era habitual, corriqueira e desprovida das garantias constitucionais, hoje asseguradoras do devido processo legal e da ampla defesa.

À falta de um propósito garantista de direitos mais amplos e equivalentes ao dos adultos, o "direito do menor" contemplava certos absurdos jurídicos, tais como a sujeição ao cumprimento de medidas como aquelas previstas no art. 73 do Código de 1937, acima mencionadas, ainda que na hipótese de absolvição do adolescente.

Vale dizer que desde a consolidação da legislação sobre menores, que resultou na edição do Código de Menores de 1927, até a vigência da Lei 8.069/1990 as medidas aplicadas aos menores abandonados ou delinquentes tinham, paradoxalmente, duplo caráter de "castigo" e de "proteção", pelo "mal" causado à sociedade, sendo seus agentes colocados em entidades "protetoras", por períodos hoje considerados inconstitucionais.

5.2 Decreto-lei 3.799, de 1941/Serviço de Assistência a Menores (SAM)

A partir da década de 30 do século passado, período de grande transformação social, o Estado Brasileiro, com característica autoritária, serviu-se das políticas sociais voltadas aos trabalhadores urbanos para erigir seu projeto nacional de regime político, que ficou conhecido por *Estado-Novo*, a partir de 1937.

Surgiu o Estado Social, com reclamos na área trabalhista (criação da Consolidação das Leis do Trabalho), do sufrágio ampliado,[6] obrigatoriedade do ensino básico, generalização da cobertura previdenciária para várias categorias de trabalhadores e algumas medidas preventivas e repressivas contra o abusivo aumento de preços (Lei 1.521, de 26.12.1951 – Lei de Crimes Contra a Economia Popular).

Nesse momento histórico, o atendimento a crianças e jovens em conflito com a lei era regulado pelas diretrizes do Código de Menores de 1927. Assim, o Governo Federal criou, por meio do Decreto-lei 3.799/1941, no âmbito do Ministério da Justiça e Negócios Interiores, o Serviço de Assistência a Menores/SAM.

O SAM tinha como missão amparar socialmente os menores carentes, abandonados e infratores, centralizando a execução de uma

---

6. Nesse momento histórico e político a ONU instituiu a Convenção sobre os Direitos Políticos da Mulher, através da Resolução 640 (VII), de 20.12.1952, que foi ratificada pelo Brasil em 13.8.1953 e promulgada pelo Decreto 52.476, de 12.9.1963.

política de atendimento, de caráter corretivo-repressivo-assistencial, em todo o território nacional. Na verdade, o SAM foi criado para cumprir as medidas aplicadas aos infratores pelo juiz, tornando-se mais uma administradora de instituições que, de fato, uma política de atendimento ao infrator.

O art. 2º do citado decreto-lei consolidava a finalidade do SAM: "a) sistematizar e orientar os serviços de assistência a menores desvalidos e delinquentes, internados em estabelecimentos oficiais e particulares; b) proceder à investigação social e ao exame médico-psicopedagógico dos menores desvalidos e delinquentes; c) abrigar os menores à disposição do Juízo de Menores do Distrito Federal; d) recolher os menores em estabelecimentos adequados, a fim de ministrar-lhes educação, instrução e tratamento somatopsíquico, até o seu desligamento; e) estudar as causas do abandono e da delinquência infantil, para a orientação dos Poderes Públicos; f) promover a publicação periódica dos resultados de pesquisas, estudos e estatísticas".

Para atingir esse objetivo, o SAM foi constituído em Seções: (a) Seção de Administração; (b) Seção de Pesquisas e Tratamento Somatopsíquico; (c) Seção de Triagem e Fiscalização; e (d) Seção de Pesquisas Sociais e Educacionais.

Apesar da aparente organização, o SAM funcionava como um sistema penitenciário para a população menor de 18 anos – ou seja, de internação total. No entanto, a execução de sua política de atendimento era diferenciada para os menores *infratores* – que eram colocados em internatos e casas de correção – e os menores *abandonados* e *carentes* – que eram internados em patronatos agrícolas e estabelecimentos de aprendizagem de ofícios.

As ações de atendimento, baseadas na privação total de liberdade dos menores, sem distinção entre infratores e carentes, objetivavam sua "proteção": estariam mais protegidos aqueles que estivessem afastados do ambiente que os levasse para uma situação de delinquência e marginalidade social. O objetivo desejado pelo SAM era concretizar medidas punitivas, aplicadas pelo juiz, mesmo que os menores não tivessem praticado qualquer ato ilícito.

Mesmo considerando a natureza corretivo-repressiva de suas ações, Josiane Rose Petry Veronese admite que o SAM também "tinha objetivos de natureza assistencial, quando enfatizava a importância de estudos e pesquisas, bem como o atendimento psicopedagógico às crianças e adolescentes carentes e com problemas de conduta, os quais eram denominados *desvalidos* e *delinquentes*".[7]

Com o passar do tempo, o SAM foi definhando, sobretudo por não contar com uma estrutura adequada, sem autonomia financeira e, principalmente, com métodos inflexíveis de atendimento, que ocasionaram grande tumulto entre os internos.

Na década de 60 do século passado o SAM já estava completamente anacrônico e sem metodologia de atendimento. Ficou na história o julgamento do HC 38.193, julgado em junho/1961, pelo STF, pedido em caráter preventivo pelo menor C. M., que havia fugido do estabelecimento mantido pelo SAM. Alguns trechos do acórdão, da lavra do eminente Min. Nelson Hungria, ilustram a situação do SAM naquela época: "Trata-se de ameaça de internação num estabelecimento de assistência a menores que se transformou, na prática, numa fábrica de criminosos, onde não há ensino secundário senão para a perversão moral. É isto que se quer evitar a esse menor: o constrangimento de internação num reformatório falido, que, ao invés de reabilitá-lo, apenas o aviltará irremediavelmente. (...). Todos os grandes criminosos da antiga Capital da República fizeram o noviciado no SAM, têm a marca do SAM. (...). Fez ele muito bem. Fugiu de uma sucursal do Inferno. Todos os internados do SAM deveriam fazer o mesmo, pois, fora dele, sua recuperação seria muito mais provável. (...). Na prática, o SAM é a antítese da finalidade para que foi criado. (...). Sabe-se o que é o SAM: uma escola para o crime, uma fábrica de monstros morais. Superlotado e sob regime da mais hedionda promiscuidade, a sua finalidade prática tem sido a de instruir para o vício, para a reação pelo crime, para todas as infâmias e misérias. (...). Para os menores que uma vez delinquiram só há uma salvação ou possibilidade de recuperação: não serem recolhidos ao SAM ou dele escaparem pela fuga".

Pelo teor do acórdão é possível vislumbrar o que se tornara o SAM 20 anos depois de sua criação. Um verdadeiro caos instalou-se nas instituições subordinadas ao SAM. O Instituto Profissional Quinze de Novembro, a Escola João Luiz Alves, os Patronatos Agrícolas Artur Bernardes e Wenceslau Braz, já não atendiam às necessidades de reeducação dos menores da época.

Para o sistema pretendido pelo SAM a internação seria o mecanismo de recuperação mais eficiente para o menor abandonado ou delinquente.

7. Josiane Rose Petry Veronese, *Os Direitos da Criança e do Adolescente*, São Paulo, LTr, 1999, p. 32.

Pela privação total da liberdade ou – como queriam os técnicos de então – a máxima proteção do menor da influência perniciosa da sociedade, obteriam um valioso resultado na reconstrução da personalidade do menor. O Serviço de Assistência a Menores/SAM era, como o próprio nome comprovava, instituição que se destinava a dar assistência social aos menores de 18 anos que estivessem abandonados, em situação de vadiagem ou como autores de atos ilícitos, conforme determinava a orientação do Código de Menores de 1927.

A função do SAM – inovadora para a época – perseguiu o objetivo de imprimir concretude à lei, de modo a cumprir sua vontade, sem se preocupar com o preenchimento das necessidades da criança e do adolescente. Nesse intento, o SAM funcionava mais parecido com um sistema prisional, convertendo as disfarçadas "internações" em verdadeiras penas privativas de liberdade.

O que mais chamava a atenção nas atividades do SAM era a naturalidade com que se "internavam" crianças e adolescentes. O indicador da institucionalização estava na classe social, na pobreza, na miséria, na falta de condições psicológicas e carência assistencial dos pais. O abandono, a vadiagem, a mendicância, eram motivos suficientes para a intervenção judicial, que determinava a internação como forma de "ressocialização" ou de "recuperação" de jovens.

Na verdade, a autoridade judiciária aplicava a medida de internação por falta de outras mais eficientes que pudessem "tirar de circulação" aquele menor indesejado.

Atualmente, diante de um sistema constitucional voltado para a garantia integral dos direitos infantojuvenis, a medida de internação tem caráter excepcional, destinada exclusivamente àqueles casos taxativamente arrolados no art. 122 do ECA. Antes a regra era a internação, como medida adequada para todos os casos; agora ela se destina somente aos casos previstos em lei.

Do sistema de aplicação de medidas às crianças e adolescentes considerados autores de ato infracional originou-se o mecanismo desenvolvido pela Política Nacional do Bem-Estar do Menor, que, de certa forma, manteve o mesmo cunho assistencialista, descurando-se da garantia constitucional dos direitos da criança e do adolescente.

5.3 Decreto-lei 3.914, de 1941/Lei de Introdução ao Código Penal

O Decreto-lei 3.914, de 9.12.1941, também chamado de Lei de Introdução ao Código Penal, alterou o art. 71 do Decreto 17.943-A, de 12.10.1927,[8] que determinava a internação do menor em seção especial da escola de reforma. Essa modificação materializou-se no art. 7º do decreto-lei em destaque, que preceituava, em três parágrafos, o destino do menor internado:

"§ 1º. A internação durará, no mínimo, 3 (três) anos.

"§ 2º. Se o menor completar 21 (vinte e um) anos, sem que tenha sido revogada a medida de internação, será transferido para colônia agrícola ou para instituto de trabalho, reeducação ou de ensino profissional, ou seção especial de outro estabelecimento, à disposição do juiz criminal.

"§ 3º. Aplicar-se-á, quanto à revogação da medida, o disposto no Código Penal sobre a revogação da medida de segurança."

A importância da modificação do art. 71 do Decreto 17.943-A/1927 pela Lei de Introdução ao Código Penal residiu justamente na introdução de prazo limitado e definido para a internação de menores infratores.

Mais tarde, a fixação do tempo de internação tornou-se um obstáculo para a implantação das políticas de atendimento ao menor infrator, introduzidas pela FUNABEM e, posteriormente, recepcionadas pelo Código de Menores de 1979. A indeterminação do prazo de internação deu ao juiz de menores o poder absoluto de verificar, iniciar, conduzir e declarar terminada a privação de liberdade de menores em estabelecimentos ou escolas de reforma.

Adepto da indeterminação de prazo para a aplicação das medidas, Alyrio Cavallieri lembra que, "não havendo limitação para a medida decretada pelo juiz de menores, o critério único é o da conveniência social do retorno do infrator. Com relação ao direito penal comum, cumprida a pena, recuperação à parte, segue-se a liberação. Com relação ao menor, isso jamais acontecerá".[9]

Além disso, a modificação introduzida pela Lei de Introdução ao Código Penal regulamentou a continuação da medida aplicada para aquele jovem-adulto de 21 anos de idade que estivesse internado e não

8. Decreto 17.943-A/1927, art. 71: "Art. 71. Se for imputado crime, considerado grave pelas circunstâncias do fato e condições pessoais do agente, a um menor que contar mais de 16 (dezesseis) e menos de 18 (dezoito) anos de idade ao tempo da perpetração, e ficar provado que se trata de indivíduo perigoso pelo seu estado e perversão moral, o juiz lhe aplicará o art. 65 do Código Penal e o remeterá a um estabelecimento para condenados de menoridade, ou, em falta desse, a uma prisão comum, com separação dos condenados adultos, onde permanecerá, até que se verifique sua regeneração, sem que, todavia, a duração da pena possa exceder o seu máximo legal".

9. Alyrio Cavallieri, *Direito do Menor*, Rio de Janeiro, Freitas Bastos, 1978, p. 148.

tivesse revogada a medida de internação. Ou seja: se o juiz não revogasse a medida de internação, quando o infrator completasse 21 anos, ele seria transferido para colônia agrícola ou para instituto de trabalho, de reeducação ou de ensino profissional, ou seção especial de outro estabelecimento, à disposição do juiz criminal.

Essa determinação legal representava uma medida de defesa social: se o infrator ainda causasse perigo ao meio social, não deveria voltar ao convívio comunitário, senão quando em condições adequadas. O juiz criminal só poderia liberar o infrator quando constatasse, por meio de perícias técnicas, a cessação da periculosidade.

Deve-se considerar, por conseguinte, que ao tempo das modificações ao Código de Menores de 1927 pelo decreto-lei em destaque a "política de atendimento" ao infrator ensejava o "diagnóstico" de sua conduta e o adequado "tratamento".

O legislador da Lei de Introdução ao Código Penal, ao adequá-la à realidade da época, manteve sua preocupação tão somente na fixação de prazo para o cumprimento da medida de internação, fixada pelo Código de Menores de 1927, que continuava em vigor.

Nessa época ainda não se priorizava o interesse-direito da criança e do adolescente, como nos dias atuais, embora no âmbito internacional já houvesse uma primeira manifestação, ainda que tímida, na Declaração de Genebra, em 1924. No entanto, no que diz respeito ao cumprimento de medidas continuava solitária a determinação do antigo Código de Menores de 1927.

5.4 Decreto-lei 6.026, de 1943/ Alteração do Decreto 17.943-A, de 1927

O Decreto-lei 6.026, de 24.11.1943, alterou o Decreto 17.943-A/1927 – Código de Menores da época –, dispondo sobre as medidas aplicáveis aos menores de 18 anos pela prática de fatos considerados infrações penais. Na verdade, o legislador preocupou-se mais em estabelecer o procedimento de apuração da prática da infração penal.

O mencionado decreto-lei estabeleceu diferenças entre os procedimentos de infratores menores ou maiores de 14 anos. Para os menores considerados autores de infração penal com idade inferior a 14 anos o procedimento era judicial, devendo a autoridade policial, desde logo, apresentar o menor e as testemunhas ao juiz competente.[10]

10. Decreto-lei 6.026/1943:

Nesse particular, é necessário frisar que a Lei 8.069/1990 faz também essa separação: as crianças[11] que praticarem atos infracionais estarão sujeitas às medidas de proteção dispostas no art. 101, conforme dispõe o art. 105 da referida lei; aos adolescentes autores de ato infracional a determinação legal impõe a aplicação das medidas socioeducativas previstas no art. 112 da mesma lei.[12]

O requisito principal era a verificação da *periculosidade* do infrator. Se os motivos e as circunstâncias do fato e as condições do menor não evidenciassem periculosidade, o juiz poderia deixá-lo com o pai ou responsável, confiá-lo a tutor ou a quem assumisse sua guarda, ou poderia interná-lo em estabelecimento de reeducação profissional, e a qualquer tempo poderia revogar ou modificar a decisão.

Antes de proferir a decisão o juiz poderia ouvir os técnicos que acompanharam o menor, bem como analisar sua personalidade no seu ambiente familiar e social. Tendo condições, o juiz poderia proferir a sentença de plano; se não, em cinco dias. Ao ser designado o estabelecimento de internação, o juiz deveria considerar a necessidade especial de tratamento.

Todavia, se, ao lado dos motivos e das circunstâncias do ato ilícito, o menor demonstrasse periculosidade, o juiz determinaria sua internação em estabelecimento adequado, estando sujeito a acompanhamento do diretor do órgão administrativo competente e do Ministério Público. Com o laudo favorável, o juiz poderia declarar cessada a periculosidade.

"Art. 3º. Tratando-se de menor até 14 (catorze) anos, o juiz adotará as medidas de assistência e proteção indicadas pelos motivos e circunstâncias do fato e pelas condições do menor".

"Art. 5º. Quando se tratar de menor até 14 (catorze) anos, a autoridade policial, logo que tiver conhecimento da ocorrência, fará apresentar o menor e as testemunhas ao juiz competente.

"§ 1º. O juiz ouvirá, imediatamente, o menor, o pai ou responsável e as testemunhas, com intervenção do Ministério Público, se estiver presente.

"§ 2º. A seguir, o juiz decidirá verbalmente e de plano.

"§ 3º. Se o juiz não puder decidir imediatamente, resolverá sobre o destino provisório do menor, proferindo a decisão definitiva no prazo de 5 (cinco) dias.

"§ 4º. O escrivão registrará, em livro especial, a qualificação do menor, do pai ou responsável e das testemunhas, o fato e a decisão do Juiz. Em casos especiais, o juiz poderá mandar lavrar auto, contendo o resumo das declarações prestadas."

11. Art. 2º da Lei 8.069/1990: "Considera-se criança, para os efeitos desta Lei, a pessoa até 12 (doze) anos de idade incompletos, e adolescente aquela entre 12 (doze) e 18 (dezoito) anos de idade".

12. Cf. Wilson Donizeti Liberati, *Comentários ao Estatuto da Criança e do Adolescente*, 11ª ed., São Paulo, Malheiros Editores, 2010, pp. 110-113.

Havia, porém, casos considerados especiais ou excepcionais, não especificados pelo decreto-lei, que permitiam ao juiz mandar internar o menor infrator – com menos de 14 anos e considerado perigoso – em seção especial de estabelecimento destinado a adultos, até que fosse declarada a cessação da periculosidade.

Se a maioridade (21 anos) fosse completada e a periculosidade não fosse declarada extinta, o juiz determinaria a transferência para colônia agrícola ou para instituto de trabalho, de reeducação ou de ensino profissional ou seção especial de outro estabelecimento, à disposição do juiz criminal.[13]

Ao ser desligado do estabelecimento de internação, e considerada cessada a periculosidade, o juiz poderia, ainda, sujeitar o menor infrator à aplicação de medidas de "vigilância" e de "segurança", nas condições e prazo que fixasse. Se, após o desligamento, o menor voltasse a ser considerado perigoso, as medidas citadas poderiam ser cassadas, e o menor novamente internado.

Além das medidas indicadas, o juiz poderia adotar as medidas de assistência e proteção, considerando os motivos e circunstâncias do fato e as condições do menor. Essas medidas eram aquelas indicadas pelos arts. 68 e ss. do Decreto 17.943-A/1927, acima comentadas.

Se, entretanto, o menor infrator contasse com mais de 14 e menos de 18 anos de idade, o procedimento de apuração do ato ilícito seria iniciado pela autoridade policial, que deveria apresentá-lo ao juiz competente e iniciar as investigações necessárias.

As medidas aplicadas ao menor infrator com idade entre 14 e 18 anos continuavam sendo aquelas alinhadas nos arts. 80 e ss. do Decreto 17.943-A/1927 – ou seja: a entrega aos pais ou responsável, a liberdade vigiada e a internação em escola de reforma.

Na verdade, as mudanças trazidas pelo Decreto-lei 6.026/1943, em destaque, referiam-se mais à regulamentação dos procedimentos que propriamente à definição e às medidas aplicáveis aos menores autores de atos infracionais.

Reforçou, no entanto, o legislador a possibilidade de o menor de 14 anos ser apresentado *imediatamente* ao juiz competente, eliminando, assim, os efeitos maléficos de um procedimento prolongado.

---

13. Art. 7º, § 2º, do Decreto-lei 3.914/1941 – Lei de Introdução ao Código Penal.

Com mais propriedade que o Decreto-lei 3.941/1941, que instituiu a Lei de Introdução ao Código Penal e alterou dispositivos do Decreto 17.943-A/1927, o Decreto-lei 6.026/1943 inovou ao fixar um procedimento de apuração do ato infracional mais definido e adequado para a realidade da época, sem, entretanto, contemplar a manutenção da ampla defesa por técnico habilitado.

As medidas aplicadas aos adolescentes considerados autores de atos infracionais continuavam a ser as mesmas do Código de Menores de 1927, com a inclusão, agora, de um novo parâmetro: a periculosidade do infrator. Verificada a periculosidade do agente menor de 18 anos, estava o juiz autorizado a interná-lo em estabelecimento prisional destinado a adultos. Se persistisse a manifestação de periculosidade além dos 21 anos, o infrator ainda seria submetido a internação em colônia penal agrícola.

Aqui o confronto com a atual legislação é maior, vez que o Estatuto da Criança e do Adolescente, amparado pelo art. 228 da CF e pelo art. 27 do CP, estabelece a inimputabilidade penal aos 18 anos. Sendo inimputável, o adolescente não poderá ser considerado, *tecnicamente*, perigoso.

5.5 Lei 4.513, de 1964/Fundação Nacional do Bem-Estar do Menor (FUNABEM)

A Fundação Nacional do Bem-Estar do Menor/FUNABEM foi instituída, ainda na vigência do Código de Menores "Mello Mattos", pela Lei 4.513, de 1.12.1964. Foi criada para substituir o Serviço de Assistência a Menores/SAM, que não mais estava respondendo às necessidades de atendimento, passando a ser conhecido, pela sua metodologia, como "universidade do crime" e "sucursal do Inferno" – como lembrou Antônio Carlos Gomes da Costa.[14]

Essa entidade tinha autonomia para formular e implantar uma Política Nacional do Bem-Estar do Menor. A lei acima citada determinava que um órgão federal formulasse e implantasse uma política de atendimento ao menor para todo o País.

A Fundação definiu as seguintes diretrizes da Política Nacional do Bem-Estar do Menor: "I – assegurar prioridade aos programas que visem à integração do menor na comunidade, através de assistência na própria família e da colocação familiar em lares substitutos; II – incrementar a

14. Antônio Carlos Gomes da Costa, *De Menor a Cidadão*, Brasília, Centro para a Infância e Adolescência, s/d., p. 16.

criação de instituições para menores que possuam características aprimoradas aos padrões que informam a vida familiar, e, bem assim, a adaptação, a esse objetivo, das entidades existentes, de modo que somente se venha a admitir internamento do menor à falta de instituições adequadas ou por determinação judicial; III – respeitar, no atendimento, as necessidades de cada região do País, as suas peculiaridades, incentivando as iniciativas locais, públicas ou privadas, e atuando como fator positivo na dinamização e autopromoção dessas comunidades".

A princípio a FUNABEM foi planejada não para ter um contato direto com o menor, mas, sim, para planejar, assistir, financeiramente e com pessoal, as entidades dos Estados, Municípios e entidades particulares que se encarregassem do atendimento direto dos menores em processo de marginalização. Todavia, em razão de ter herdado as atribuições e os estabelecimentos administrados pelo SAM e não ter conseguido transferi-los completamente para os Estados, a Fundação atuou como órgão executor das próprias medidas (políticas) que planejara.

Com uma vertente mais assistencial que repressiva, a política de atendimento implantada pela FUNABEM passou a focalizar o menor – mesmo o autor de ato infracional – como um "carente". Assim, a noção de *periculosidade* cedeu espaço na estratégia de atendimento para a noção de *privação*.

Completando o conceito de "carência" ou "privação", Antônio Carlos Gomes da Costa lembra que "o assistencialismo se dirige à criança e ao jovem, perguntando pelo que ele não é, pelo que ele não sabe, pelo que ele não tem, pelo de que ele não é capaz. Daí que, comparado ao menino de classe média tomado como padrão da normalidade, o menor marginalizado passa a ser visto como carente bio-psico-sociocultural, ou seja, um feixe de carências".[15]

Por essa visão, a FUNABEM executou ações no sentido de restituir à criança e ao jovem tudo o que lhes havia sido *sonegado* no âmbito das *relações sociais*. Essa perspectiva de atuação permitiu que o atendimento fosse feito em grande escala, principalmente nas Capitais, em verdadeiras redes de internatos.

Com o modelo político da época, conhecido por seus princípios mais rígidos, o Governo resolveu administrar o "problema do menor" como um "problema social", utilizando, para isso, estratégias militares. Nesse aspecto, Josiane Rose Petry Veronese completa o argumento, certifican-

15. Idem, p. 19.

do que, "a partir do momento em que o problema da infância adquire o *status* de problema social, sobre ele recaem os preceitos da ideologia de segurança nacional".[16]

O discurso da época era revolucionário: o Brasil, depois de 1964, buscava soluções objetivas, racionalizadoras, capazes de remover o que impedia o progresso do País e servia de motivo para o desequilíbrio social. A efetivação do atendimento do menor carente desencadeou uma série de medidas, decorrentes dos Governos Federal, Estaduais e Municipais e organizações particulares, que se uniram para desenvolver uma política voltada para o bem-estar do menor. Tanto as medidas de caráter preventivo como as terapêuticas orientaram o esforço, para oferecer ao menor possibilidades de plena realização. Era o momento de se afirmar a estreita relação entre o menor marginalizado e a luta pelo desenvolvimento nacional.

A palavra de ordem naquela época era o "desenvolvimento", que trazia a paz, ligada essencialmente ao êxito da promoção humana integral e universal, e que deveria ser alcançada em clima de relativa segurança. O homem era a única riqueza. O desenvolvimento implicava, fundamentalmente, a ideia do homem como centro, como finalidade, enquanto o crescimento e a valorização econômica eram quantitativos.

A corrente desenvolvimentista priorizava a ação estatal. Isso significava que a criança e o jovem encontrados com problemas de família eram desde logo internados em estabelecimentos "educacionais", para "recompor" o prejuízo sofrido. O problema da infância passou a ser um assunto do Estado a ser resolvido pela Política do Bem-Estar do Menor.

Novamente a medida de internação se apresenta como panaceia para todo comportamento desviado do menor. Internava-se ou institucionalizava-se por "medida de segurança", para "curar" o menor portador de patologia social.

Para Rosa Maria Fisher Ferreira, "o problema do menor marginalizado adquiriu *status* de problema na ótica do Estado e suas instituições apenas quando a ação desse menor passou a alterar a ordem instituída, com a eclosão pública de situações extremas de violência e criminalidade geradas pelas condições-limite de sobrevivência a que boa parte da população brasileira foi constrangida".[17]

16. Josiane Rose Petry Veronese, *Os Direitos da Criança e do Adolescente*, cit., p. 33.
17. Rosa Maria Fisher Ferreira, *Meninos da Rua: Valores e Expectativas de Menores Marginalizados em São Paulo*, São Paulo, Ibrex, 1980, p. 40.

Por esse critério, a Política do Bem-Estar do Menor disciplinou toda a atividade de prevenção e controle do problema do menor, como uma necessidade do sistema vigente.

Em 10.6.1966 o Conselho Nacional da FUNABEM implantou as "Normas para a Aplicação da Política do Bem-Estar do Menor", conceituando o menor atingido pelo processo de marginalização como sendo aquele que se encontrava em situação de abandono total ou de fato, ou que estava sendo vítima de exploração, ou que se identificava por uma conduta antissocial.

Para "resolver" esse problema, as Normas sugeriram que deveriam prevalecer os condicionamentos positivos,[18] a atenuação ou a eliminação das marcas deixadas pela inversão dessa prevalência. Essa ação seria executada junto ao menor atingido. Poderiam, no entanto, ser executadas ações junto à família (quando se verificasse a insuficiência econômica ou cultural) ou diretamente junto ao menor, quando se verificasse o grau de deficiência física ou psicológica. O objetivo, no entanto, seria a "renovação imediata e progressiva do quadro de vida do menor, a partir de sua identificação em situação de abandono, de vítima de exploração ou em conduta antissocial".

Pelas Normas, o menor atingido pelo processo de marginalização seria identificado por se encontrar ou em situação aparente ou caracterizada como de abandono, vítima de exploração ou de conduta antissocial. Essa identificação era resultado de encaminhamentos a agências governamentais ou particulares e de denúncias e queixas, por meio dos organismos de segurança pública ou da sensibilização da opinião pública, no sentido de se chegar ao conhecimento de todas as situações de fato existentes. O menor, assim identificado, deveria ter sua situação estudada, com a finalidade de caracterizar plenamente as condições efetivas em que se encontrava. Esse estudo poderia ser feito, sem alterar o seu quadro de vida, adotando-se ou recolhendo-se o menor em estabelecimento especializado.

Para a efetivação desse estudo, com o menor recolhido, as Normas estabeleciam os seguintes critérios: "(a) o menor deve permanecer em estudo o mais breve tempo possível, até o máximo de dois meses; (b) os menores devem ser separados, segundo o grupo de idade e por sexo, a

---

18. Segundo as Normas para a Aplicação da Política do Bem-Estar do Menor, "condicionamento positivo do desenvolvimento do menor é o atendimento das suas necessidades básicas e, por condicionamento negativo, todo e qualquer tipo de desvirtuamento, instrumental ou final, desse atendimento".

partir de seis anos; (c) a condição aparente ou caracterizada deve fornecer um primeiro critério de separação, isolando-se dos demais os infratores, os doentes e aqueles que apresentam graves desvios de conduta; (d) deve ser mantida, durante o internamento, a escolaridade, ou realizados programas de alfabetização rápida, bem como recreação dirigida, ocupações manuais e os tratamentos de saúde que se fizerem necessários. O recolhimento deve caracterizar-se como uma fase provisória para estudo básico e encaminhamento, podendo compreender diferentes estágios de triagem, segundo os recursos disponíveis. Devem-se criar, no entanto, apesar da transitoriedade da permanência do menor, condições de atendimento das cinco necessidades fundamentais, dando-se especial ênfase ao amor e compreensão, mediante a criação de um clima de afetividade, que compense, suficientemente, a situação de transição em que se encontra o menor".

As Normas regulavam, de igual forma, o tratamento dos menores atingidos pelo processo de marginalização, que devia, em primeiro lugar, ser o mais individualizado possível, de acordo com o diagnóstico formulado na fase do estudo do caso. Visava, sempre, à satisfação das necessidades fundamentais do menor e, ao mesmo tempo, atenuava ou eliminava as marcas deixadas pela insuficiência dos condicionamentos positivos do seu desenvolvimento integral, ou pela prevalência dos condicionamentos negativos ou positivos.

Para os menores *abandonados* ou *com necessidades especiais* (pobreza extrema, incapacidade familiar, desorganização familiar etc.) deveriam ser preconizadas as seguintes *condições de tratamento*, na ordem de preferência: "I – devolução ou manutenção junto à família; II – manutenção em família substituta, podendo compreender formas gratuitas, com ajuda financeira, adoção, ou remuneração do menor; III – internamento em instituição".

No caso de menor *com problemas de conduta* era preconizada, igualmente em ordem de preferência e conforme a exigência de cada caso, uma das seguintes modalidades de tratamento: "I – devolução ou manutenção na família; II – integração na comunidade, sob liberdade vigiada (na própria família, em pensionatos etc.) sob a orientação de uma pessoa da comunidade; III – internamento em instituições de reeducação".

No caso de menores *internados*, o tratamento deveria colimar: "I – reintegração do menor na família, se removidas ou atenuadas as condições familiares que determinaram a internação; II – reintegração do menor na comunidade, possibilitada por recuperação, habilitação profissional e capacidade econômica; III – internação em instituições especializadas para adultos, quando se tratar de deficiências físicas ou mentais irrecuperáveis".

Além de disciplinar o tratamento dos menores "com problemas", as Normas continham um capítulo sobre os *programas de prevenção*. Esses programas visavam aos menores que pertenciam às camadas sociais cujas condições socioeconômicas propiciavam seu abandono de fato e seriam preconizadas para aquelas áreas urbanas caracterizadas por densidade demográfica elevada, nas quais incidiriam os seguintes tipos de problema: "(a) menores em atividades lucrativas, sem a devida assistência educacional ou social (engraxates, jornaleiros etc.); (b) grande número de menores em condições de permanente ociosidade; (c) menores em atividades moralmente perigosas ou na mendicância; (d) alto índice de delinquência ou de vício; (e) promiscuidade nas condições de habitação; (f) vulnerabilidade da área ao desenvolvimento de condicionamentos negativos (zonas deterioradas, zonas de alto índice de população flutuante); (g) incidência de grande número de condicionamentos negativos".

Esses programas de prevenção objetivavam a criação e desenvolvimento de recursos de educação profissional e serviços, visando à ocupação mais completa possível das horas livres, no campo da recreação e da formação básica.

A política de atendimento instituída pela FUNABEM era verticalizada, ou seja, era desenvolvida na esfera federal e estendia-se para todo o País. Não se contemplavam as particularidades locais ou regionais; todo o atendimento era determinado pela FUNABEM.

O quadro legislativo da época não era muito diferente daquele de 1927. O Código de Menores "Mello Mattos" continuava em plena vigência, com as modificações já apresentadas. As medidas continuavam as mesmas, determinadas pelo juiz. A forma de execução, no entanto, modificou-se, pela atuação da FUNABEM.

Sendo centralizada, a execução das medidas não contemplava a vontade do agente infrator, e sequer seu direito de ter ampla defesa. A medida era *imposta* pelo juiz, como era o costume, sem ouvir o infrator, e mesmo presidida por um juiz de direito não se observava o devido processo legal.

O modelo de atendimento inaugurado pela FUNABEM não se distanciou completamente do sistema do SAM. Como tivesse herdado todo o equipamento, locais e instituições de internação e o pessoal de serviço, a expectativa de sobrevida do novel atendimento foi frustrada.

Uma década e meia depois de instalada a política de atendimento da FUNABEM, o Código de Menores de 1927 foi revogado pela Lei

6.697/1979, que condensou um novo Código de Menores, adotando a política de atendimento em vigor.

As medidas aplicadas aos menores, fossem eles carentes ou delinquentes, tinham natureza punitiva, revestida de proteção assistencial. O menor abandonado era internado, porque seus pais não tinham condições financeiras; o órfão era internado, porque não tinha responsáveis; o infrator era internado, porque, agora, estava em situação irregular, por conduta desviante, proporcionada por ele próprio.

Após 50 anos de vigência do primeiro Código de Menores, a situação era praticamente a mesma: a conquista de direitos era apenas uma ilusão; o menor era, ainda, tratado como um ser frágil, problemático, carente e desprovido de direitos – e, por isto, estava sujeito a suportar medidas de cunho punitivo e curativo mesmo que não tivesse praticado qualquer ato ilícito ou não apresentasse qualquer problema social.

Pode-se dizer que na época em que a política de atendimento da FUNABEM foi instituída a intenção era a melhor: proteger o menor ou, de outra forma, assegurar-lhe a garantia de seus interesses. Entretanto, com uma política centralizada, o ideal da FUNABEM logo foi esquecido ou rejeitado, por absoluta falta de condição de ser colocado em prática.

5.6 Lei 5.258, de 1967, com as alterações da Lei 5.439, 1968/ Lei Relativa a Menores Infratores

A Lei 5.258, de 10.4.1967, conhecida por Lei Relativa a Menores Infratores,[19] teve vida efêmera e foi alterada completamente, um ano depois, pela Lei 5.439, de 22.5.1968.

Criada para dispor sobre as medidas aplicáveis aos menores infratores de 14 a 18 anos, estabelecia, em seu art. 1º: "Os menores de 18 (dezoito) anos ficarão sujeitos, pela prática de fatos considerados infrações penais, às normas estabelecidas nesta Lei". Sua versão original instituía que os menores autores de infrações penais ficavam sujeitos a "medidas de proteção, assistência, vigilância e reeducação".

Em seguida, a referida lei dispunha, no art. 2º, as medidas aplicáveis aos menores de 14 a 18 anos, a saber:

"Art. 2º. (...): I – se os motivos e as circunstâncias do fato e as condições do menor não evidenciarem periculosidade o juiz poderá deixá-lo com o pai, responsável, confiá-lo a tutor ou a quem assuma a sua guarda,

---

19. Cf. Alyrio Cavallieri, *Direito do Menor*, cit., pp. 143-144.

ou mandar interná-lo em estabelecimento de reeducação ou profissional e, a qualquer tempo, revogar ou modificar a decisão; II – se os elementos referidos no item anterior evidenciam periculosidade, o menor será internado em estabelecimento adequado, até que, mediante parecer do respectivo diretor ou do órgão administrativo competente e do Ministério Público, o juiz declare a cessação da periculosidade.

"§ 1º. Completada a maioridade, sem que haja sido declarada a cessação da periculosidade, observar-se-ão os §§ 2º e 3º do art. 7º do Decreto-lei n. 3.914, de 9 de dezembro de 1941.

"§ 2º. O juiz poderá sujeitar o menor desligado, em virtude de cessação de periculosidade, à vigilância, nas condições e pelo prazo que fixar, e cessar o desligamento, no caso de inobservância das condições ou de nova revelação de periculosidade."

A versão anterior do art. 2º foi o motivo de maior preocupação, que gerou a alteração. Dizia o dispositivo original que, se à infração penal fosse cominada pena de reclusão, deveria o menor ser internado por prazo não inferior a dois terços do mínimo da pena privativa de liberdade.

A indignação dos juristas da época recaiu no fato de que a citada lei havia consignado "prazo determinado" para a medida de internação, enquanto "os princípios informadores do direito do menor" – vigentes e defendidos pela maioria dos juízes de menores – prescreviam que a internação jamais poderia ter prazo determinado.

Essa justificativa baseava-se na retirada do arbítrio do juiz na escolha da medida de internação, conforme seu livre entendimento, resultando na imposição de verdadeiro sistema penal aplicável ao menor.

Alterada a Lei 5.258/1967, restabeleceram-se as diretrizes do antigo Decreto 6.026/1943, surgindo a Lei 5.439/1968, ora em destaque.

Assim, as medidas aplicadas aos menores infratores fundavam-se no critério da *periculosidade*. Constatada a prática de infração penal por menores de 14 a 18 anos, o juiz examinaria o autor (quanto à periculosidade) e o fato (quanto aos seus motivos e circunstâncias).

Se o autor da infração *não fosse considerado perigoso*, o juiz poderia aplicar-lhe as seguintes medidas: entregá-lo à sua família ou responsável ou a quem assumisse sua responsabilidade ou interná-lo em estabelecimento de reeducação ou profissional, podendo revogar a medida a qualquer tempo.

Se, no entanto, o juiz constatasse que *o menor infrator era perigoso*, este seria internado em estabelecimento adequado, até cessar a periculosidade, que seria atestada, por meio de parecer do diretor do estabelecimento ou órgão administrativo e parecer do curador de menores.

Somente o juiz poderia definir o local de cumprimento da medida de internação do menor, mediante sentença motivada. O menor infrator seria transferido para outro estabelecimento ou teria a medida substituída pelo juiz se suas necessidades o reclamassem.

O juiz, na aplicação da medida e no seu acompanhamento, estudaria a personalidade do menor, sobretudo em seu ambiente familiar e social, mandando proceder, reservadamente, a perícias e inquéritos necessários à individualização do tratamento e da reeducação.

Aos menores de 14 anos o procedimento era mais simples e estava, ainda, sujeito às diretrizes do Decreto 17.943-A/1927, devendo o infrator ser apresentado diretamente à autoridade judiciária, que aplicaria, de plano, as medidas alinhadas nos arts. 68 e 79 do Decreto n. 17.943-A (revogado pelo Decreto-lei 3.914/1941 – Lei de Introdução do Código Penal).

O art. 68 previa que o menor de 14 anos não poderia sofrer processo penal "de espécie alguma"; as informações sobre o fato punível, seus agentes, o estado físico, mental e moral do menor, bem como a situação social, moral e econômica dos pais, tutor ou responsável, seriam registradas em livro próprio.

Se o menor manifestasse qualquer distúrbio mental, deficiência física ou estado precário de saúde, seria submetido a tratamento apropriado.

Contudo, se o menor infrator até 14 anos não fosse abandonado, nem pervertido, nem estivesse em perigo de o ser, nem precisasse de tratamento especial, a autoridade poderia recolhê-lo a uma escola de reforma, pelo prazo de um a cinco anos.

Ao contrário, se o menor fosse abandonado, pervertido ou estivesse em perigo de o ser, a autoridade poderia interná-lo em uma escola de reforma, por todo o tempo necessário à sua educação, que poderia ser de três anos no mínimo e de sete no máximo.

Por outro lado, o art. 79 do Decreto 17.943-A/1927 previa que no caso de menor de idade inferior a 14 anos indigitado autor ou cúmplice de fato qualificado como crime ou contravenção, se das circunstâncias da infração e condições pessoais do agente ou de seus pais, tutor ou guarda se tornasse perigoso, deixá-lo-ia a cargo deste, o juiz ou tribunal ordenaria sua colocação em asilo, casa de educação, escola de preservação ou o confiaria a pessoa idônea, até que completasse 18 anos de idade. A restituição aos pais, tutor ou guarda poderia antecipar-se, mediante resolução judiciária e prévia justificação do bom procedimento do menor e daqueles.

Nota-se, aqui também, que a intervenção estatal preconizava a *reeducação* e *tratamento* do menor infrator, cuja medida poderia ser até a privação de liberdade, com a aplicação de medida de internação por períodos longos, chegando até quatro anos, no caso do menor infrator abaixo de 14 anos; e sete, se acima daquela idade o infrator.

As medidas aplicáveis aos menores abandonados ou autores de ato infracional tinham caráter sancionatório-punitivo, embora, ideologicamente, se pretendesse a proteção assistencial. Esse fato representava maior gravidade, pois uma criança órfã, carente ou abandonada deveria ficar internada e privada de sua liberdade para ser "tratada e protegida". Não se privilegiava a colocação dessa criança ou adolescente em família substituta. A institucionalização continuava a ser a melhor prática, para afastar os "indesejados".

5.7 Lei 6.697, de 1979/Código de Menores

Em plena vigência das diretrizes da Política Nacional do Bem-Estar do Menor, implantadas pela FUNABEM, e aproveitando as comemorações do Ano Internacional da Criança, foi promulgada, em 10.10.1979, a Lei 6.697 – o Código de Menores.

Depois de mais de 50 anos de vigência do Decreto 17.943-A, de 12.10.1927 – o Código de Menores "Mello Mattos" –, tinha chegado o momento de adaptar a legislação às novas diretrizes propostas pela FUNABEM.

O novo Código implantou a doutrina da "situação irregular". Estabelecia essa nova doutrina que os menores passariam a ser objeto da norma quando se encontrassem em estado de "patologia jurídico-social", assim definida legalmente em seu art. 2º, que dizia: "Para os efeitos desse Código, considera-se em situação irregular o menor: I – privado de condições essenciais à sua subsistência, saúde e instrução obrigatória, ainda que eventualmente, em razão de: a) falta, ação ou omissão dos pais; b) manifesta impossibilidade dos pais ou responsável, para provê--las; II – vítima de maus-tratos ou castigos imoderados, impostos pelos pais ou responsável; III – em perigo moral, devido a: a) encontrar-se, de modo habitual, em ambiente contrário aos bons costumes; b) exploração em atividade contrária aos bons costumes; IV – privado de representação ou assistência legal, pela falta eventual dos pais ou responsável; V – com desvio de conduta, em virtude de grave inadaptação familiar ou comunitária; VI – autor de infração penal".

Esse enfoque divergia daquele proposto pela teoria do direito penal do menor, que imputava responsabilidade penal ao menor de acordo com seu discernimento.

Refletia, também, a situação irregular do menor, que consolidava as situações expressadas pelos termos "menor abandonado" e "menor delinquente", proposta pelo Código de Menores de 1927. Surgia, então, o direito do menor como ciência autônoma.

O *direito do menor* foi definido por Alyrio Cavallieri como sendo "o conjunto de normas jurídicas relativas à definição da situação irregular do menor, seu tratamento e prevenção".[20] No seu enunciado o autor introduziu três conceitos distintos, a saber: a definição ou diagnóstico do que seria a situação irregular, o tratamento do estado de patologia jurídico-social e a prevenção.

Analisando as medidas sob o enfoque do Código de Menores "Mello Mattos", o citado autor asseverou: "Aceito o conceito proposto para o direito do menor, em que se destacam três momentos: *definição – tratamento – prevenção*, examinada a primeira parte, a definição ou diagnóstico da situação irregular, passamos a examinar a parte relativa ao tratamento, ou seja, a terapia, aplicada em forma de medidas judiciais".[21]

Com uma abordagem sociológica, Liborni Siqueira definia o direito do menor como sendo "a ciência jurídica que estuda os fatos sociais morfológicos e fisiológicos que influem na integração da unidade e harmonia biopsicossocial do menor, objetivando suas necessidades afetivas e estruturais".[22]

A Doutrina da Situação Irregular constituiu um avanço em relação ao pensamento anterior, na medida em que fez do menor o interesse da norma não apenas pela questão penal – que pressupunha uma situação regular –, mas pelo interesse do direito especial, quando apresentasse uma "patologia social", conhecida por "situação irregular".

A declaração de situação irregular poderia derivar da conduta pessoal do menor (no caso de infrações por ele praticadas ou de "desvio de conduta"), de fatos ocorridos na família (como os maus-tratos) ou da

20. Alyrio Cavallieri, *Direito do Menor*, cit., p. 9.
21. Idem, p. 73.
22. Liborni Siqueira, *Sociologia do Direito do Menor*, Rio de Janeiro, Âmbito Cultural, 1979, p. 23.

sociedade (abandono). Ou seja: o menor estaria em situação irregular, equiparada a uma "moléstia social", sem distinguir, com clareza, situações decorrentes da conduta do jovem ou daqueles que o cercavam.

Por falta de perfeita identificação da situação do menor, muitas vezes misturavam-se, nas instituições, infratores e abandonados, vitimizados por abandono e maus-tratos, partindo do pressuposto de que todos estariam numa mesma "situação irregular".

Por isso, as medidas não eram diferenciadas, ou seja, aplicavam-se, indistintamente, a todos os menores em situação irregular, conforme o mais adequado, após o *diagnóstico*.

A finalidade das medidas apresentadas pelo Código vinha firmada no art. 13, que dispunha que "toda medida aplicável ao menor visava, fundamentalmente, à sua integração sociofamiliar".

Entretanto, na sequência desse pensamento, considerava-se que as medidas[23] alinhadas no art. 14, ao contrário do disposto no artigo anterior, eram aplicadas de forma retributiva, mas com a intenção de proteger o menor e integrá-lo na sociedade e na família.

Não se pode entender que medidas de privação de liberdade – como eram a semiliberdade e a internação – tivessem natureza eminentemente assistencial e de proteção. Eram, na verdade, medidas de caráter punitivo, cuja natureza jurídica se aproximava da retribuição, qualidade própria da pena criminal.

É verdade, porém, que certas medidas dispostas, tais como a entrega aos pais ou responsável ou a pessoa idônea, mediante termo de responsabilidade, e a colocação em lar substituto, não tinham caráter retributivo, embora se pudesse perceber, claramente, a intervenção estatal na restrição de liberdade do menor.

Como diria Alyrio Cavallieri, "as medidas destinam-se, precipuamente, ao interesse do menor; a satisfação a direitos de terceiros – e nesses se incluem os próprios pais – é consequência".[24] Embora o autor se estivesse referindo ao Código de Menores de 1927, o direcionamento

---

23. "Art. 14. São medidas aplicáveis ao menor pela autoridade judiciária: I – advertência; II – entrega aos pais ou responsável, ou a pessoa idônea, mediante termo de responsabilidade; III – colocação em lar substituto; IV – imposição do regime de liberdade assistida; V – colocação em casa de semiliberdade; VI – internação em estabelecimento educacional, ocupacional, psicopedagógico, hospitalar, psiquiátrico ou outro adequado."

24. Alyrio Cavallieri, *Direito do Menor*, cit., p. 73.

dado à finalidade das medidas não era diferente daquele firmado pelo Código de Menores de 1979.

Além dessa finalidade, as medidas poderiam materializar formas de imposição da vontade do Estado na vida privada do cidadão, sob o fundamento da paz e do controle social. Sob esse aspecto se justifica a intervenção estatal no controle da prática do crime, com medidas privativas de liberdade, que, ao lado do fito educacional, demonstram o claro objetivo de penalizar o infrator. Embora sejam consideradas medidas de cunho exclusivamente educacional, há latente perigo de se desprezar a garantia material ou processual.

Com essa posição, a lei verificava a necessidade de colocar o menor integrado à sua família, com plena assistência e satisfação de suas necessidades. Esse parâmetro finalístico sugeria a excepcionalidade da institucionalização do menor, que se apresentava prejudicial ao desenvolvimento de sua personalidade, devendo ser evitada, sempre que possível.

A filosofia do *tratamento* adotada pelo Código de Menores foi descrita no art. 4º, estabelecendo: "I – as diretrizes da Política Nacional do Bem-Estar do Menor; II – o contexto socioeconômico e cultural em que se encontrem o menor e seus pais ou responsável; III – o estudo de cada caso, realizado por equipe de que participe pessoal técnico, sempre que possível. Na ausência de serviço especializado, a autoridade judiciária poderá atribuir ao pessoal habilitado o estudo a que se refere este artigo".

O Título V da Parte Geral do Código de Menores estabelecia as "medidas de assistência e proteção", que compreendiam aquelas aplicáveis diretamente ao menor, as destinadas aos pais ou responsável e as de vigilância em geral.

O Código de Menores, no art. 14, apresentava seis medidas aplicáveis a todos os menores considerados em situação irregular, cabendo à autoridade judiciária adequá-las ao caso concreto. A ocorrência da situação irregular, por si só, demonstrava que a criança e o adolescente tinham problemas de conduta, podendo essa conduta ser ou não de caráter ilícito. Eram elas: "I – advertência; II – entrega aos pais ou responsável ou a pessoa idônea, mediante termo de responsabilidade; III – colocação em lar substituto; IV – imposição do regime de liberdade assistida; V – colocação em casa de semiliberdade; e VI – internação em estabelecimento educacional, ocupacional, psicopedagógico, hospitalar, psiquiátrico ou outro adequado".

Não se pode negar, contudo, que essas medidas aplicadas aos infratores menores de 18 anos tinham caráter punitivo. Praticada a infração penal ou uma conduta desviante, o juiz aplicava a medida – não como se fosse uma pena, mas como forma de proteção, vigilância e prevenção.

Teria a autoridade judiciária a faculdade de escolher, dentre as medidas arroladas, a que melhor atendesse ao caso concreto.

As medidas eram, portanto, a demonstração concreta da intervenção do Estado, como resposta à infração penal cometida por menor de 18 anos.

Pela importância dessas medidas na evolução do cenário jurídico infantojuvenil, será necessário tratá-las individualmente.

5.7.1 Advertência

A medida de *advertência* era aplicada exclusivamente pela autoridade judiciária, na forma de admoestação verbal, àquele menor que atuou em procedimento menos grave, que poderia compreender a situação de "perigo moral", o "desvio de conduta" ou a "prática de infração penal".

Essa medida tinha a finalidade de incutir no menor a mudança de seu comportamento negativo e alertar para as consequências futuras, se viesse a persistir naquela prática.

A medida aplicada pelo juiz tinha procedimento informal: presentes os pais ou responsável, o magistrado faria a admoestação verbal ao menor. Contudo, se a conduta do infrator fosse "preocupante" ou "um pouco mais grave", a critério do juiz, a advertência poderia ser reduzida a termo, com sua assinatura, do menor, dos pais e do Ministério Público, se estivesse presente.

No momento da aplicação da medida era imprescindível a presença dos pais ou responsável, uma vez que eles representavam os principais agentes educacionais e deveriam, além de tomar conhecimento da advertência judicial, contribuir para que a admoestação servisse como aviso de que o caminho da ilicitude levava, inexoravelmente, à degradação. Serviria, de igual forma, a presença dos pais ou responsável como garantia de que a censura extravasaria os limites do foro, ingressando no cotidiano, como lembrança da nocividade e consequências da infração.

Embora não regulamentada pela lei, a aplicação da medida deveria ser precedida de uma audiência, *ex vi* do disposto no parágrafo único do art. 87 do Código de Menores,[25] observando-se o disposto no art. 698 do

---

25. "Art. 87. Se a medida judicial a ser adotada não corresponder a procedimento previsto nesta ou em outra Lei, a autoridade judiciária poderá investigar livremente os fatos e ordenar, de ofício, as providências.

CPP,[26] que estabelecia a necessidade de *audiência admonitória* em caso de deferimento da suspensão condicional da pena.

Não teria sentido a simples presença do menor e responsável em cartório, para assinarem o termo de advertência, porquanto a medida representava muito mais que mera formalidade, consistindo em verdadeiro instrumento educativo de que se servia o juiz para orientar o menor infrator.

Essa medida guardou estreita semelhança com aquela definida no Estatuto da Criança e do Adolescente com o mesmo nome. Não há diferença substancial, mas se considera que a medida socioeducativa prevista no Estatuto está mais bem definida, numa linguagem mais técnica, adequando-se à sua natureza sancionatório-punitiva, como retribuição ao ato infracional praticado, vez que "será aplicada sempre que houver prova da materialidade e indícios suficientes da autoria", conforme dispõe o parágrafo único do art. 114 do ECA.

5.7.2 Entrega aos pais ou responsável, ou a pessoa idônea, mediante termo de responsabilidade

A medida de *entrega do menor aos pais ou responsável ou a pessoa idônea, mediante termo de responsabilidade*, visava a solucionar o problema do menor que se encontrava perdido nas cidades, perambulando pelas vias públicas, ou que tivesse fugido de sua casa, para viver na rua ou em ambientes comprometedores do seu desenvolvimento físico, mental ou moral.

Embora de caráter estritamente não punitivo-retributivo, é necessário salientar que essa medida pressupunha a *apreensão* do menor, que deveria ocorrer por ordem do juiz ou por flagrante de conduta delitiva. A medida em destaque – frisa-se – somente poderia ser aplicada pelo juiz, por meio de sentença que resultasse de procedimento judicial de apuração da situação irregular do menor.

Diz a medida que o menor deveria ser entregue aos pais ou responsável ou a pessoa idônea. Nesse caso, se a entrega do menor fosse aos

"Parágrafo único. Aplicar-se-á na jurisdição de menores, subsidiariamente, a legislação processual pertinente."
26. "Art. 698. Concedida a suspensão, o juiz especificará as condições a que fica sujeito o condenado, pelo prazo previsto, começando este a correr da audiência em que se der conhecimento da sentença ao beneficiário e lhe for entregue documento similar ao descrito no art. 724" (redação dada pela Lei 6.416, de 24.5.1977).

pais, o juiz deveria observar se eles detinham o pátrio poder. Aqueles suspensos ou destituídos do pátrio poder não poderiam receber o infrator, porquanto impossibilitados de se responsabilizar por ele.

A entrega também seria feita ao *responsável legal*, identificado por aquela pessoa que receberia o encargo por ato judicial – como, por exemplo, a tutela. Paulo Afonso Garrido de Paula advertiu que "não se aplica, neste caso, a disposição do parágrafo único do art. 2º do Código de Menores, porquanto tal conceito de responsabilidade, além de jungir--se às definições de situação irregular causada pelos responsáveis de fato, traz consigo a noção de eventualidade, visando a conferir legitimidade na prática de atos urgentes e necessários para o resguardo de direitos ou interesses de menores, sem excluir a necessidade de regularização da situação, de sorte a tornar legal a representação ou assistência exercida em caráter emergencial".[27]

Inexistindo os pais ou responsável, a entrega seria feita, segundo o inciso II do art. 14 do Código de Menores, a *pessoa idônea* que, evidentemente, aceitasse receber o menor. Nesse caso, o terceiro escolhido para receber o menor adquiriria a condição de responsável legal, podendo praticar todos os atos inerentes à representação e à assistência.

Lembrou, ainda, o autor acima citado que o "termo de responsabilidade assemelha-se ao termo de guarda, obrigando seu detentor a prestar assistência material, moral e educacional ao menor, conferindo-lhe o direito de opor-se a terceiros, inclusive pais".[28]

Portanto, a medida era materializada mediante *termo de responsabilidade* passado pela autoridade judiciária, e consistia na entrega do menor aos seus pais ou responsável. Se fosse impossível localizar os pais ou responsável, autorizava a lei que o menor fosse entregue a pessoa idônea. Deveria, entretanto, ser obedecida a ordem preferencial proposta pela lei: pais, responsável, pessoa idônea. Essa ordem seria quebrada se houvesse incompatibilidade dos primeiros chamados.

O referido documento devia conter as informações sobre o recebimento do menor, o motivo daquela providência e o compromisso assumido de assistência e proteção por quem o recebeu.

A medida era semelhante àquela prevista no art. 101, I, do ECA, no que dizia respeito à sua finalidade, ou seja, era destinada especialmente

---

27. Paulo Afonso Garrido de Paula, "Medidas aplicáveis ao menor infrator", in Munir Cury (coord.), *Temas de Direito do Menor: Medidas Aplicáveis ao Menor Infrator*, São Paulo, Ed. RT, 1987, p. 137.

28. Idem, ibidem.

(não exclusivamente) àquelas crianças e adolescentes em situação de risco pessoal e social nas situações definidas no art. 98 do Estatuto. Por essa lei, essa medida não precisava ser aplicada pelo juiz de direito, mas pelo Conselho Tutelar, não sendo, pois, medida essencialmente judicial, fazendo parte daquele rol de medidas desjudicializadas e administrativas arroladas no citado artigo.

5.7.3 Colocação em lar substituto

O Código de Menores estabeleceu, no art. 17, a medida de *colocação em lar substituto* para os menores que estivessem em situação irregular e não necessariamente fossem autores de infração penal.

Das cinco modalidades de colocação em lar substituto, o Código de Menores previu que quatro delas seriam diretamente ligadas ao menor. São elas: *guarda, tutela, adoção simples* e *adoção plena*. A quinta medida, *delegação do pátrio poder*, prevista no art. 17, I, daquela lei, presumia (a) a manifestação livre da vontade dos pais e (b) o objetivo de prevenir a ocorrência da situação irregular (Código de Menores, art. 21). No momento da aplicação dessa medida a situação considerada irregular já estava instalada.

A medida, de natureza protetiva, deveria ser concedida por sentença judicial que declarasse o menor em situação irregular. A colocação em lar substituto somente seria possível quando os pais ou responsável concorressem para a situação irregular do menor. Nesse caso, poderia o juiz suspender ou destituir os pais e responsáveis do múnus do pátrio poder, conforme dispunha o art. 45, I, do Código de Menores.

Não havia impedimento algum para que essa medida fosse cumulada com a de advertência. Aliás, a medida de advertência podia ser cumulada com todas as outras, vez que se resumia em simples admoestação verbal.

O art. 18 do Código de Menores indicou os requisitos essenciais para a concessão de qualquer forma de colocação em lar substituto, a saber: "I – qualificação completa do candidato a responsável e de seu cônjuge, se casado, com expressa anuência desse; II – indicação de eventual relação de parentesco do candidato ou de seu cônjuge com o menor, especificando se este tem ou não parente vivo; III – comprovação de idoneidade moral do candidato; IV – atestado de sanidade física e mental do candidato; V – qualificação completa do menor e de seus pais, se conhecidos; VI – indicação do cartório onde foi inscrito o nascimento do menor". O parágrafo único do citado artigo estabelecia que não seria deferida a colocação em lar substituto a pessoa que: "I – revele, por qualquer modo, incompatibilidade com a natureza da medida; e II – não ofereça ambiente familiar adequado".

O Código discriminava os requisitos gerais necessários à colocação do menor em lar substituto, em todas as suas modalidades. Essas exigências tinham, no entanto, a finalidade de garantir que o menor teria assistência e proteção – que deveria ter junto à sua família – na família substituta que o acolhesse.

É verdade que, nessa condição, o menor permaneceria *sub judice*, não podendo os pais, responsável ou pessoa idônea transferi-lo a terceiros ou colocá-lo em estabelecimentos de assistência a menores sem a autorização do juiz.

Atualmente, a colocação em família substituta, em suas diversas formas (guarda, tutela e adoção), previstas a partir do art. 28 do ECA, não pode ser utilizada sem uma análise da situação fática da família natural, mesmo que crianças e adolescentes sejam considerados autores de ato infracional. De qualquer maneira, a colocação em família substituta é de competência exclusiva do juiz.

5.7.4 Imposição do regime de liberdade assistida

A imposição do regime de *liberdade assistida* era a medida aplicada ao menor em situação irregular. Ela estava prevista no art. 38 do Código de Menores:

"Art. 38. Aplicar-se-á o regime de liberdade assistida nas hipóteses previstas nos incisos V e VI do art. 2º desta Lei, para o fim de vigiar, auxiliar, tratar e orientar o menor.

"Parágrafo único: A autoridade judiciária fixará as regras de conduta do menor e designará pessoa capacitada ou serviço especializado para acompanhar o caso."

Como estabelecia a lei, a imposição do regime de liberdade assistida destinava-se ao menor com desvio de conduta, em virtude de sua inadaptação familiar e comunitária (art. 2º, V), e ao menor autor de infração penal (art. 2º, VI). Portanto, a medida tinha natureza mista de proteção e de retribuição, embora o art. 13 do Código de Menores de 1979 não admitisse o caráter punitivo de suas medidas. De proteção, quando objetivava vigiar, auxiliar, tratar e orientar o menor; de retribuição, quando impunha medida restritiva de direitos e à liberdade.

Como as demais, esta medida deveria ser aplicada pelo juiz, como resultado de um processo judicial, culminando com a sentença que confirmasse a situação irregular do menor.

Como observou Paulo Afonso Garrido de Paula, "objetiva, portanto, ante uma atenta observação do cumprimento das condições impostas, ajudar o menor, indicando o rumo correto e cuidando para que supere as adversidades sem a utilização de meios criminosos".[29]

Por outro lado, Paulo Lúcio Nogueira sugeriu uma diferença entre a liberdade *assistida* e a liberdade *vigiada*, salientando que a liberdade *vigiada* "implicaria apenas uma *vigilância exercida sobre os passos do menor*, enquanto que a liberdade assistida deveria compreender uma efetiva assistência material, educacional, moral".[30]

Embora a finalidade da medida fosse de orientação e auxílio, vislumbrava-se, na sua prática, um direcionamento à restrição da liberdade do menor infrator, na medida em que interferia no seu modo de vida, sujeitando-o ao seu cumprimento.

Somente a autoridade judiciária poderia impor as condições da medida; estas poderiam ser acompanhadas por pessoa capacitada ou por serviço especializado. A pessoa que acompanhasse o caso deveria estar em contato permanente com o menor e com sua família, orientando-o na busca de trabalho, na escola e na participação nas atividades comunitárias.

A medida não comportava prazo determinado de duração. No entanto, a pessoa encarregada de acompanhar o caso poderia sugerir ao juiz a alteração das condições, a substituição da medida ou o desligamento do menor do regime de liberdade assistida.

Tanto Paulo Afonso Garrido de Paula quanto Paulo Lúcio Nogueira entendiam que a imposição do regime de liberdade assistida deveria ser reservada aos menores infratores reincidentes, porquanto carecedores de acompanhamento bem próximo, capaz de contribuir para a reversão do quadro de vivência infracional. Aos infratores "primários" seriam aplicadas a advertência ou a entrega, mediante responsabilidade.

A aplicação de cada medida seria, no entanto, tarefa particular do juiz, eis que esta deveria, à vista das circunstâncias da infração, das con-

---

29. Paulo Afonso Garrido de Paula, "Medidas aplicáveis ao menor infrator", cit., in Munir Cury (coord.), *Temas de Direito do Menor: Medidas Aplicáveis ao Menor Infrator*, p. 137.
30. Paulo Lúcio Nogueira, *Comentários ao Código de Menores*, São Paulo, Saraiva, 1988, p. 75.

dições de vida do menor, de sua personalidade e da possibilidade de êxito da cada medida, atingir a finalidade proposta pela lei, de instrumentos educacionais e de promoção do ser humano.

O Estatuto da Criança e do Adolescente contemplou a medida de liberdade assistida no art. 118, com a finalidade de "acompanhar, auxiliar e orientar o adolescente". A medida estatutária é aplicada somente ao adolescente que é considerado autor de ato infracional e somente pelo juiz, após processo judicial que assegure a ampla defesa e o contraditório, pressupondo, inclusive, a existência de provas suficientes da autoria e da materialidade da infração, como preceitua o art. 114. Ou seja, o Estatuto confere à medida socioeducativa de liberdade assistida a natureza sancionatório-punitiva, com enfoque pedagógico.

5.7.5 Colocação em casa de semiliberdade

O art. 39 do Código de Menores contemplou a medida de *colocação em casa de semiliberdade*, que era determinada como forma de transição para o meio aberto, devendo, sempre que possível, utilizar os recursos da comunidade visando à escolarização e profissionalização do menor.

Mesmo considerando que a citada medida restringia a liberdade do menor, o Código de Menores atribuiu natureza protetiva à medida de semiliberdade. Nesse caso, a medida deveria ser reservada àqueles casos considerados graves, onde fosse razoável presumir a inadequabilidade das demais medidas. Além da gravidade do fato, a autoridade judiciária deveria verificar os motivos e as circunstâncias da infração, a personalidade do menor, seu histórico de prática de infração penal e as condições em que se encontrava.

A colocação em casa de semiliberdade constituía um meio-termo entre a liberdade assistida e a internação, consubstanciando opção ao juiz entre a total privação de liberdade e a flexibilidade do regime de assistência a ser cumprido na comunidade.

À primeira vista, surgiu aparente confusão no tocante à aplicação da medida de semiliberdade. Para Alyrio Cavallieri, Antônio Chaves e Jason Albergaria a semiliberdade era "a fase de transição do internato para a vida comunitária".[31] Antônio Luiz Ribeiro Machado aceitava o mesmo entendimento ao mencionar que "o menor sob custódia judicial

---

31. Alyrio Cavallieri, Antônio Chaves e Jason Albergaria, *Notas Interpretativas ao Código de Menores*, Rio de Janeiro, Forense, 1980, p. 38.

possa manter entrosamento com a comunidade no processo de integração social".[32]

Nas posições acima mencionadas, os autores presumiam uma internação anterior, dando a entender que a medida somente poderia ser aplicada como transição para um regime "semiaberto", e não como medida principal.

Tal posição encontrou a resistência de Paulo Afonso Garrido de Paula, que lembrou a imposição desta como medida primeira e originária, para "atender, primordialmente, aos chamados 'infratores-abandonados', minimizando as previsíveis sequelas do regime de internato, ao qual são submetidos, por não terem qualquer vínculo familiar ou pessoa que deseje recebê-los sob guarda e responsabilidade".[33]

Numa interpretação conjunta dos arts. 4º, 5º e 13 do Código de Menores, conclui-se que a medida poderia ser aplicada de forma autônoma, sem a necessidade de o menor ter sido previamente internado.

A imposição de medida de colocação em casa de liberdade deveria levar em conta os interesses do menor, sobretudo o contexto socioeconômico e cultural em que se encontrava, através de estudo técnico, assim como a adequação da medida a ser aplicada.

De qualquer forma, a condução da medida deveria contar com a designação de pessoa capacitada para acompanhar o menor em suas atividades externas, que deveriam ser relatadas ao magistrado.

Com o título de "inserção em regime de semiliberdade", o art. 120 do ECA consagra medida socioeducativa assemelhada àquela prevista no Código de Menores. Duas são as diferenças mais importantes. A primeira refere-se à motivação ideológica da medida sob a vigência do Código de Menores, que determinava a aplicação de todas as medidas – inclusive a colocação em casa de semiliberdade e de internação – ao menor em situação irregular, como se fossem medidas protetivas e preventivas, não importando se praticada infração penal, ou não; a segunda reside no fato de que a medida socioeducativa disciplinada pelo Estatuto permite sua aplicação desde o início, ou seja: após a apuração do ato infracional, por processo judicial, com as garantias constitucionais, o juiz já está autori-

---

32. Antônio Luiz Ribeiro Machado, *Código de Menores Comentado*, São Paulo, Saraiva, 1986, p. 54.

33. Paulo Afonso Garrido de Paula, "Medidas aplicáveis ao menor infrator", cit., in Munir Cury (coord.), *Temas de Direito do Menor: Medidas Aplicáveis ao Menor Infrator*, p. 143.

zado a contemplá-la na sentença. E somente poderá ser aplicada na ocorrência comprovada de ato infracional, percebendo-se, então, seu caráter eminentemente punitivo.

5.7.6 Internação em estabelecimento educacional, ocupacional, psicopedagógico, hospitalar, psiquiátrico ou outro adequado

A medida de *internação*, prevista no art. 40 do Código de Menores, seria "determinada se for inviável ou malograr a aplicação das demais medidas". De imediato a lei excepcionava a medida de privação de liberdade ao menor infrator.

Corolário da excepcionalidade, a medida segregativa somente deveria ser imposta ao infrator pela autoridade judiciária, mediante sentença, após o devido processo legal.

Entendendo que o regime de internação era sempre medida de caráter excepcional, João Benedito de Azevedo Marques assinalou: "Quanto à internação, é relevantíssimo frisar que somente poderá ser determinada se for inviável ou malograr a aplicação das demais. É o desmascaramento legal de um equívoco que tem sido popularmente erigido a verdade absoluta: a solução do problema do menor é internar".[34]

Em posição contrária, José Manoel Coelho lembrou que a internação era a única opção válida para o menor habituado à prática de atos antissociais: "Para o menor que já está habituado ao crime, não há outro tratamento senão a internação. Ele tem que ser internado. Não há outra solução. Apesar dos defeitos que se apontam em relação ao internamento – porque provoca dependência etc. –, para o menor delinquente só há uma solução: tratamento prolongado, com profissionalização dentro do internato, como a FUNABEM, que, aliás, faz no Rio de Janeiro, com muito êxito".[35]

Como finalidade, o Código de Menores estabelecia que a medida de internação fosse *educativa* e *curativa*, além de *protetiva*, como anunciado no art. 13. Era *educativa* quando o estabelecimento escolhido para a execução da medida tinha condições de proporcionar educação,

---

34. João Benedito de Azevedo Marques e Claudino Sales, *Código de Menores, Justificativa ao Substitutivo do Projeto do Código de Menores*, Brasília, Senado Federal, 1982, p. 201.

35. José Manoel Coelho, in João Benedito de Azevedo Marques e Claudino Sales, *Código de Menores, Justificativa ao Substitutivo do Projeto do Código de Menores*, cit. (*DCN* 10.6.1976, Seção 1, p. 383, supl.), p. 383.

profissionalização e cultura ao menor. Era *curativa* quando a internação ocorria em estabelecimentos que desenvolviam atividades ocupacionais, hospitalares, psiquiátricas, considerando que o menor teria desvio de conduta que pudesse ser originado de alguma patologia, cujo tratamento, em nível terapêutico, pudesse reverter o potencial criminógeno do qual o menor infrator fosse portador.

Com essa afirmação, percebe-se que, mesmo sendo considerada como meio de privação total da liberdade do infrator, a internação foi considerada meio *educativo* e *curativo* pelo legislador do Código de Menores. Por essa motivação, permitia-se a internação dos menores em nosocômios, hospitais, asilos, internatos, casas correcionais e em prisões de adultos mesmo que eles não fossem considerados infratores, sob o pretexto de educá-los e curá-los da patologia social de que eram portadores.

Para completar, o art. 41 do Código de Menores acrescentava: "O menor com desvio de conduta ou autor de infração penal poderá ser internado em estabelecimento adequado, até que a autoridade judiciária, em despacho fundamentado, determine o desligamento, podendo, conforme a natureza do caso, requisitar parecer técnico do serviço competente e ouvir o Ministério Público".

Ressaltava o § 1º que "o menor sujeito à medida referida será reexaminado periodicamente, com intervalo máximo de 2 (dois) anos, para verificação da necessidade de manutenção da medida".

O § 2º dizia que: "Na falta de estabelecimento adequado, a internação do menor poderá ser feita, excepcionalmente, em seção de estabelecimento destinado a maiores, desde que isolada destes e com instalações apropriadas, de modo a garantir absoluta incomunicabilidade".

O § 3º emendava: "Se o menor completar 21 (vinte e um) anos sem que tenha sido declarada a cessação da medida, passará à jurisdição do juízo incumbido das execuções penais".

Por fim, o § 4º acrescentava: "Na hipótese do parágrafo anterior, o menor será removido para estabelecimento adequado, até que o juízo incumbido das execuções penais julgue extinto o motivo em que se fundamentara a medida, na forma estabelecida na legislação penal".

Pelo disposto no citado artigo, nota-se que a medida de internação não fixava um prazo mínimo de duração, e tampouco prazo determinado para seu cumprimento. Sua duração estava subordinada à "recuperação" do menor, que seria avaliada pelo juiz diante das informações recebidas dos técnicos e do estabelecimento onde se encontrava o menor, além do parecer do Ministério Público.

A consideração que se faz, ainda que breve, circunscreve-se à consideração do tipo de regime de privação de liberdade a que estava sujeito o menor infrator. Esclareceu Paulo Afonso Garrido de Paula que, "embora, aparentemente, isto venha em benefício do menor, na realidade se trata de um *regime penal aberto*, ficando a duração da medida fora de qualquer previsão legal, deixando demasiado arbítrio ao julgador, em prejuízo dos direitos e garantias individuais. Ousamos afirmar a inconstitucionalidade da internação *sine die*, ante o disposto no art. 153, § 16, da CF,[36] que estabelece o princípio da anterioridade da lei em relação ao crime e à pena. Ante a vontade de um homem ou de um grupo, é de se preferir a lei, como expressão da vontade popular, porquanto a melhor guardadora da liberdade".[37]

É verdade, pois, que a lei determinava o reexame do caso a cada dois anos, para verificar a necessidade da manutenção ou extinção da medida. Porém, esse intervalo era demasiado longo e exagerado, se confrontado com a finalidade da medida. A medida socioeducativa de internação prevista no art. 121 do ECA também "não comporta prazo determinado", mas somente prazo final de três anos. Todavia, a medida será avaliada, a cada seis meses, por decisão judicial fundamentada.

Nos casos dos menores que cometessem a infração penal antes dos 18 anos e a medida de internação estivesse em curso, estes poderiam ficar internados em estabelecimento de reeducação e tratamento, até os 21 anos, cumprindo "medida de segurança detentiva".

Para Antônio Luiz Ribeiro Machado "o fundamento legal dessa providência está nos §§ 2º e 3º do art. 7º do Decreto-lei 3.914, de 9.12.1941 – Lei de Introdução ao Código Penal –, não revogado pela nova Lei 7.209/1984".[38]

Essa situação corresponde à do "jovem-adulto". Paulo Lúcio Nogueira seguiu a mesma orientação e considerou, por sua vez, a existência

---

36. Com a redação da Emenda Constitucional 1, de 17.10.1969, o enunciado era: "Art. 153. A Constituição assegura aos brasileiros e aos estrangeiros residentes no País a inviolabilidade dos direitos concernentes à vida, à liberdade, à segurança e à propriedade, nos termos seguintes:
"(...).
"§ 16. A instrução criminal será contraditória, observada a lei anterior, no relativo ao crime e à pena, salvo quando agravar a situação do réu."
37. Paulo Afonso Garrido de Paula, "Medidas aplicáveis ao menor infrator", cit., in Munir Cury (coord.), *Temas de Direito do Menor: Medidas Aplicáveis ao Menor Infrator*, p. 147.
38. Antônio Luiz Ribeiro Machado, *Código de Menores Comentado*, cit., p. 61.

de uma "medida de segurança detentiva, aplicável, em razão da periculosidade, a menores entre 18 e 21 anos de idade".[39]

Assim, por essa visão, se o jovem-adulto completasse 21 anos de idade sem que tivesse sido declarada a cessação da medida de segurança, passaria para a jurisdição do juízo incumbido das execuções penais.

Aqui, também esse posicionamento encontrou a resistência de Paulo Afonso Garrido de Paula. O autor disse que para os chamados "jovens-adultos" não há a imposição de medida de segurança detentiva. Diz ele que o "Código de Menores apenas prevê a possibilidade de *prorrogação da imposição ou da execução da medida de internação*, sem qualquer semelhança com a medida de segurança da lei penal".[40]

Por esse entendimento, a internação poderia ser mantida após os 18 anos, tendo como limite máximo a idade de 21. O juízo competente seria, então, o de menores; e, dessa forma, deveriam ser aplicados todos os princípios e regras do direito do menor, vedada a aplicação extensiva de preceitos do Código Penal, posto que o cometimento da infração penal se dera durante a inimputabilidade penal do jovem. Por isto, seriam aplicadas as normas da legislação especial, como definia o art. 27 do Código de Menores.

Previa o § 3º do art. 41 do Código de Menores que o menor, ao "completar 21 (vinte e um) anos sem que tenha sido declarada a cessação da medida, passará à jurisdição do juízo incumbido das execuções penais". Ora, a forma prescrita na legislação penal para a situação apresentada era a pena e a medida de segurança. O juízo das execuções penais não podia impor pena, porque o infrator, à época dos fatos, era inimputável. Restaria a imposição de medida de segurança, que estava restrita aos casos de inimputabilidade e semi-imputabilidade.

Com o advento da Lei 7.209/1984 o infrator não poderia mais ser encaminhado ao juízo das execuções penais ainda que não tivesse sido declarada a cessação da medida de internação. Deveria ele ser colocado imediatamente em liberdade. Mas se, ao completar 21 anos, fosse considerado inimputável ou semi-imputável, nos termos do art. 26 e parágrafo único do CP, ficaria ele sujeito às determinações do juízo das execuções.

Isto demonstra que a periculosidade deixou de ser motivo para a aplicação de medida de segurança, salvo nos casos já previstos no art.

39. Paulo Lúcio Nogueira, *Comentários ao Código de Menores*, cit., p.10.
40. Paulo Afonso Garrido de Paula, "Medidas aplicáveis ao menor infrator", cit., in Munir Cury (coord.), *Temas de Direito do Menor: Medidas Aplicáveis ao Menor Infrator*, p.148.

26 e seu parágrafo único do CP – ou seja, nos casos ligados a uma causa biológica, que implicasse privação ou redução de capacidades psicológicas. Ainda aqui, a verificação da persistência da inimputabilidade deveria ser do juízo de menores, antes de se remeter o infrator para o juízo das execuções.

Registro deve ser feito, ainda, de outros aspectos ligados à execução da medida de internação: (a) a necessidade de despacho fundamentado para o desligamento; (b) a falta de estabelecimento adequado; e (c) a garantia de incomunicabilidade entre maiores e menores internados.

O primeiro aspecto não deixava dúvida de que a ordem para o desligamento do regime de internação do infrator deveria ser determinada pelo juiz, por meio de despacho fundamentado, como se fosse uma decisão definitiva, com julgamento de mérito.

O segundo, sobre a adequação do estabelecimento onde deveria ser executada a medida de internação, parece, indiscutivelmente, óbvio, pois a execução da medida deveria respeitar o desenvolvimento físico e mental do infrator.

O terceiro diz respeito à incomunicabilidade entre infratores maiores e menores. Tal medida foi assumida pela legislação com a finalidade de impedir que os infratores mais velhos pudessem influenciar os mais novos, inclusive submetendo-os aos seus caprichos, pela força.

A intervenção estatal, ao dar resposta à prática da infração penal cometida por menor de 18 anos, era, notadamente, para "curar", "assistir", "proteger", "integrar", "socializar" o menor, como se fosse portador de uma patologia social e jurídica.

O Estatuto da Criança e do Adolescente tratou de forma diferente esse tema. O parágrafo único do art. 2º preleciona que somente em casos excepcionais a lei será aplicada às pessoas com idade entre 18 e 21 anos. Em continuação, o § 3º do art. 121 deixa claro que "em nenhuma hipótese o período máximo de internação excederá a 3 (três) anos". E, concluindo, o § 5º assegura que "a liberação será compulsória aos 21 (vinte e um) anos de idade".

O Estatuto trata a questão com objetividade e dentro dos parâmetros da ciência jurídica, estabelecendo "punição certa" para uma pessoa que foi considerada, legitimamente, autora de ilícito penal. Entretanto, o Estatuto incorreu no mesmo erro do Código de Menores ao deixar indefinido o tempo de duração da medida de internação, impedindo o magistrado de fixar tempo certo para o cumprimento da citada medida.

5.8 Lei 8.069, de 1990/Estatuto da Criança e do Adolescente (ECA)

Com a adoção da Doutrina da Proteção Integral – que preconiza que todas as crianças e adolescentes são sujeitos de todos os direitos –, o Estatuto proclama um sistema de garantia de direitos utilizando todas as disposições do direito material e processual naquilo que se adaptar à garantia dos direitos infantojuvenis.

Dessa forma, o Estatuto considera *ato infracional* toda conduta descrita (na lei) como *crime* ou *contravenção penal*, conforme dispôs no art. 103. Por esta definição o legislador materializou o princípio constitucional da legalidade ou da anterioridade da lei, segundo o qual só haverá ato infracional se houver uma figura típica penal anteriormente prevista na lei (*nullum crimen sine lege*).[41]

Essa adequação do fato típico à lei, pela previsão estatutária, implica, todavia, a consagração do princípio da tipicidade, que, segundo Heleno Cláudio Fragoso, confere ao "tipo penal o modelo legal do comportamento proibido: a descrição pelo texto legal de um fato que a lei proíbe ou ordena, ou seja, o tipo constitui a matéria da proibição".[42]

Inobstante necessário – mas sem pretensão de conduzir a uma extensa análise sobre o crime e seus elementos, que fugiria do propósito desta pesquisa –, pressupõe-se que o conceito de "crime" deve ser tirado do direito penal positivo, considerado como toda conduta que o legislador sanciona com uma pena.[43] Outras vezes a definição pode vir mais completa: o crime é considerado a conduta humana que lesa ou expõe a perigo um bem jurídico protegido pela lei penal.[44] Ou, como prefere Francisco de Assis Toledo, o crime não pode ser considerado como fato isolado da vida de uma pessoa humana, não podendo ser reproduzido em laboratório ou decomposto em partes distintas; nem se apresenta como puro conceito, de modo sempre idêntico e estereotipado.[45]

A "contravenção penal", por sua vez, não recebeu definição ontológica em nosso sistema penal. Dela tem-se apenas o enunciado no art. 1º

---

41. CF de 1988, art. 5º, XXXIX, e CP, art. 1º.
42. Heleno Cláudio Fragoso, *Lições de Direito Penal: a Nova Parte Geral*, 7ª ed., Rio de Janeiro, Forense, 1985, p. 156.
43. Francisco Muñoz Conde, *Teoria Geral do Delito*, Porto Alegre, Sérgio Antônio Fabris Editor, 1988, p. 1.
44. Edgard Magalhães Noronha, *Direito Penal*, 15ª ed., vol. 2, São Paulo, Saraiva, 1978, p. 105.
45. Francisco de Assis Toledo, *Princípios Básicos de Direito Penal*, 5ª ed., São Paulo, Saraiva, 1994.

da Lei de Introdução ao Código Penal – Decreto-lei 3.914, de 9.12.1941 –, segundo o qual a contravenção é "a infração penal a que a lei comina, isoladamente, pena de prisão simples ou de multa".

Costumeiramente a doutrina considera a contravenção penal como ato ilícito menos importante que o crime, diferenciando-a apenas quanto à aplicação da pena.

Ao estabelecer o princípio da legalidade, o Estatuto sinaliza sua integração com o ordenamento penal pátrio, ou seja: a conduta infracional praticada por crianças e adolescentes deverá estar adequada àquela figura típica descrita como crime ou contravenção penal a que todos estão sujeitos.

Essa integração entre fato e norma recebe, pelo novo sistema, o mesmo tratamento identificador quer para adultos, quer para menores de 18 anos, abolindo a figura dos "desvios de conduta", previstas na Lei 6.697/1979, como se o menor de 18 anos não praticasse atos delituosos, mas "atos antissociais", reveladores de uma "situação irregular".

Assim, se o ato praticado por crianças e adolescentes estiver adequado ao tipo penal, então, terão praticado ato descrito como crime ou contravenção penal – ou, como preferiu o Estatuto, um ato infracional.

Não se pode permitir eufemismos na ação delituosa de um adolescente que pratica, por exemplo, fato tipificado no art. 121 do CP. O fato típico é descrito como homicídio, seja ele praticado por maior ou menor de 18 anos. A essência do crime é a mesma. O tratamento jurídico, entretanto, deve ser adequado à especial condição de cada agente.

Essa posição, no entanto, é entendida de forma diversa por Napoleão Xavier do Amarante, que entende que "o fato atribuído à criança ou ao adolescente, embora enquadrável como crime ou contravenção, só pela circunstância de sua idade, não constitui crime ou contravenção, mas, na linguagem do legislador, simples ato infracional".[46]

Justifica, todavia, o citado autor que o desajuste existe; mas, na acepção técnico-jurídica, a conduta do seu agente não configura outra daquelas modalidades de infração, por se tratar simplesmente de uma realidade diversa. Não se cuida de uma ficção, mas de uma entidade jurídica a encerrar a ideia de que também o tratamento a ser deferido ao seu agente é próprio e específico. Assim, quando a ação ou a omissão vier a ter o perfil de um daqueles ilícitos atribuível, entretanto, à criança ou

---

46. Napoleão Xavier do Amarante, in Munir Cury (coord.), *Estatuto da Criança e do Adolescente Comentado: Comentários Jurídicos e Sociais*, 11ª ed., São Paulo, Malheiros Editores, 2010, p. 494.

ao adolescente, estes são autores de ato infracional com consequências para a sociedade, como o crime e a contravenção, mas mesmo assim com contornos diversos, diante do aspecto da inimputabilidade e das medidas a lhes serem aplicadas, por não se assemelharem estas com as várias espécies de reprimendas.

Tal posição pode, a princípio, implicar repúdio à estrutura do Estado de Direito, onde predomina a vontade da lei, desejada pela sociedade de todos os tempos, e muitas vezes conquistada por revoluções. De igual modo, a História revela que foi grande a luta para assegurar às crianças e adolescentes os direitos fundamentais e a concepção da titularidade de direitos.

De qualquer forma, o Estatuto englobou em uma só expressão – "ato infracional" – a prática de crime e contravenção penal por criança e adolescente.

No que se refere à inimputabilidade, a CF de 1988 assegurou, no art. 228, que "são penalmente inimputáveis os menores de 18 (dezoito) anos, sujeitos às normas da legislação especial". Tal disposição foi seguida no art. 27 do CP e no art. 104 do ECA.

Foram razões de política criminal ou de segurança jurídica que levaram o legislador a escolher o início da responsabilidade penal aos 18 anos. Esse posicionamento resulta mais de uma atitude política que de postulados científicos.

Há que se fazer, todavia, uma distinção entre inimputabilidade penal e impunidade. A inimputabilidade, considerada causa de exclusão da culpabilidade – ou seja, de exclusão da responsabilidade penal –, significa absoluta irresponsabilidade pessoal ou social diante do ato infracional praticado. Esse é o panorama jurídico pretendido pela primeira parte do preceito constitucional do art. 228.

Entretanto, a segunda parte da mesma norma conduz o intérprete a reconhecer que "uma legislação especial" determinará as regras e os mecanismos de "responsabilização" para os autores de ato infracional com idade inferior a 18 anos. Isso significa que esses sujeitos não ficarão "impunes", mas deverão ser submetidos ao procedimento definido pela legislação especial.

Inimputabilidade, no entanto, não implica *impunidade*, vez que o Estatuto estabelece medidas de responsabilização[47] compatíveis com

---

47. Francisco de Assis Toledo, *Princípios Básicos de Direito Penal*, cit., 5ª ed., p. 314. O autor entende que "responsabilidade constitui um princípio segundo o qual

a condição peculiar de pessoa em desenvolvimento dos autores de ato infracional.

Como lembra Antônio Fernando do Amaral e Silva, não se pode confundir "imputabilidade e responsabilidade; tem-se que os adolescentes respondem frente ao Estatuto respectivo, porquanto são imputáveis diante daquela lei".[48]

Portanto, existe um procedimento especial que aplica medidas socioeducativas de caráter sancionatório-punitivo com finalidade pedagógico--educativa aos infratores considerados inimputáveis em virtude da menoridade. Aos adolescentes entre 12 e 18 anos não se pode imputar, pois, responsabilidade frente à legislação penal comum. Contudo, pode-se-lhes atribuir responsabilidade com fundamento nas normas preconizadas pelo ECA, donde poderão responder pelos atos infracionais que praticarem, submetendo-se às medidas socioeducativas previstas no art. 112.

Essa posição é cada vez mais aceita pela doutrina, como acentua João Batista da Costa Saraiva: "Ao contrário do que sofismática e erroneamente se propala, o sistema legal instituído pelo Estatuto da Criança e do Adolescente faz estes jovens, entre 12 e 18 anos, sujeitos de direitos e de responsabilidades e, em caso de infração, prevê medidas socioeducativas, inclusive com privação de liberdade".[49]

Essa distinção é importante para dirimir a suspeita ou a errada concepção que se faz de que o Estatuto propõe "tratamento" aos infratores menores de 18 anos.

Como visto, a atual legislação – diversa do Código de Menores, que considerava o infrator como portador de uma patologia social, que deveria ser protegido e receber tratamento – estabelece o reconhecimento de direitos e deveres disciplinados pela lei, cuja transgressão deve ser apurada e corrigida dentro dos parâmetros de sua especialidade, ou seja, respeitando a condição peculiar de pessoa em desenvolvimento. Esse foi

toda pessoa imputável (dotada de capacidade de culpabilidade) deve responder pelos seus atos".
48. Antônio Fernando do Amaral e Silva, "O mito da inimputabilidade penal e o Estatuto da Criança e do Adolescente", *Revista da Escola Superior da Magistratura do Estado de Santa Catarina* novembro/1998, Florianópolis, 1998, p. 270. Cf. também Wilson Donizeti Liberati, *Processo Penal Juvenil – A Garantia da Legalidade na Execução de Medida Socioeducativa*, São Paulo, Malheiros Editores, 2006, pp. 63-70.
49. João Batista da Costa Saraiva, "A idade e as razões: não ao rebaixamento da imputabilidade penal", *Revista Brasileira de Ciências Criminais* 5-18/77, São Paulo, abril-junho/1997.

o grande salto dado pelo Estatuto: a sustentação da garantia de direitos e deveres da população infantojuvenil.

Identificado e apurado o ato infracional praticado por adolescente – correspondente aos atos ilícitos previstos na lei penal –, e depois de asseguradas todas as garantias do devido processo legal, a autoridade judiciária determinará o cumprimento de uma das *medidas socioeducativas*.

As *medidas específicas de proteção* – de natureza protetiva e não punitiva, como o próprio nome indica – estão previstas no art. 101 do ECA e são aplicadas, isolada ou cumulativamente, pelo Conselho Tutelar toda vez que os direitos reconhecidos à criança e ao adolescente forem ameaçados ou violados por ação ou omissão da sociedade ou do Estado (inciso I), por falta, omissão ou abuso dos pais ou responsável (inciso II) e em razão de sua conduta (inciso III) – situações, essas, previstas no art. 98.

As medidas específicas de proteção são aplicadas a crianças e adolescentes considerados autores de ato infracional. O art. 101 do ECA traz um rol *exemplificativo* das medidas específicas de proteção, a saber: "I – encaminhamento aos pais ou responsável, mediante termo de responsabilidade; II – orientação, apoio e acompanhamento temporários; III – matrícula e frequência obrigatória em estabelecimento oficial de ensino fundamental; IV – inclusão em programa comunitário ou oficial de auxílio à família, à criança e ao adolescente; V – requisição de tratamento médico, psicológico ou psiquiátrico, em regime hospitalar ou ambulatorial; VI – inclusão em programa oficial ou comunitário de auxílio, orientação e tratamento a alcoólatras e toxicômanos; VII – acolhimento institucional; VIII – inclusão em programa de acolhimento familiar; IX – colocação em família substituta".

Essas medidas não são punitivas. Elas se caracterizam pela *desjudicialização*, ou seja, têm natureza administrativa, e poderão ser aplicadas pelo Conselho Tutelar, com exceção daquelas previstas nos incisos VIII e IX, independentemente de ordem ou de processo judicial. Nos processos judiciais de apuração de ato infracional praticado por adolescente o juiz poderá aplicar, cumulativamente às medidas socioeducativas, qualquer das medidas alinhadas no art. 101, conforme dispõe o inciso VII do art. 112 do mesmo diploma legal.

Na apuração do ilícito penal o Estatuto adota a absoluta cisão entre os procedimentos de apuração do ato infracional praticado por criança e daquele praticado por adolescente. Quando praticado por crianças, essas serão encaminhadas, prontamente, ao Conselho Tutelar ou à autoridade judiciária (ECA, art. 262), que, de imediato, aplicará uma das medidas previstas no art. 101.

É compreensível, nos dias de hoje, que a criança possa, perfeitamente, praticar um ato infracional, inclusive utilizando-se de armas de fogo ou outros meios tecnológicos. Mesmo nessas circunstâncias, é vedado conduzi-la à delegacia de polícia. A função da autoridade policial, nesse caso, resume-se a apurar o fato criminoso e encaminhar os documentos ao Conselho Tutelar ou à autoridade judiciária. A arma utilizada e o produto do crime serão encaminhados à autoridade judiciária ou ao departamento de segurança pública, para depósito. Todavia, em hipótese alguma a criança poderá ser conduzida à delegacia de polícia ou ser submetida a situações de enfrentamento com vítimas e testemunhas. Essa tarefa compete ao Conselho Tutelar, por força da disposição contida no art. 136, I, do ECA.[50]

Como o próprio nome consagra, as medidas protetivas têm caráter educativo e se destinam a fazer cumprir os direitos da criança e do adolescente por aqueles que os estão violando, sejam eles os pais ou responsáveis, a sociedade ou o Estado. É por isso que os operadores da medida devem utilizar todos os recursos necessários para o restabelecimento do papel da família, da sociedade e do Estado.

O Código de Menores de 1979 apresentava três procedimentos diferentes de apuração do ato infracional quando se tratasse de menor com menos de 10 anos (art. 102), de 10 a 14 anos (art. 101) e de 14 a 18 anos (art. 100).

Quando o menor tivesse menos de 10 anos e a infração penal fosse de natureza leve, ele deveria ser apresentado à autoridade judiciária, que definiria a situação irregular em que se encontrava e, de plano, lhe aplicaria uma das medidas arroladas no art. 14 do citado Código. Neste caso, o menor de 10 anos não podia ser recolhido a estabelecimento policial ou carcerário. Se fosse necessário, esse menor seria conduzido a estabelecimento de assistência ou entregue à sua família.

O menor com mais de 10 e menos de 14 anos seria encaminhado, desde logo, por ofício, à autoridade judiciária, com relato circunstanciado

---

50. Nos *Comentários ao Estatuto da Criança e do Adolescente* (cit., 11ª ed., p. 113), Wilson Donizeti Liberati afirma que "a autoridade policial não tem competência para investigar e apurar as provas do ato criminoso praticado pela criança", sugerindo que "a competência originária é do Conselho Tutelar; a subsidiária é da autoridade judiciária, por força do disposto no art. 262 do ECA". Após reflexão, o autor resolveu deferir à autoridade policial os atos investigatórios, com as ressalvas já feitas.

de sua conduta, conforme previa o art. 101 da Lei 6.697/1979. Conforme fosse, ou não, grave a infração penal praticada pelo menor, este seria entregue aos pais, à autoridade policial ou à autoridade judiciária. O menor seria apresentado ao magistrado, que verificaria sua personalidade, seus antecedentes e as condições em que se encontrava na família, fazendo, se necessário, instrução mais completa, proferindo decisão, ao final, aplicando-lhe uma daquelas medidas já anunciadas no art. 14.

O menor de 18 e maior de 14 anos era apresentado à autoridade judiciária, em audiência de instrução, com a presença obrigatória do Ministério Público e do procurador (defensor); seriam ouvidos o menor, seus pais, a vítima e as testemunhas, podendo o juiz retirar o menor do recinto. Se o fato fosse considerado leve, o menor seria entregue aos pais; se grave, o juiz determinaria a realização de perícia técnica pela equipe interprofissional. Neste caso, o menor ficaria sob observação, permanecendo, ou não, internado. Ao final se aplicaria uma das medidas do art. 14 do Código, observados seus antecedentes e as condições em que se encontrava, bem como os motivos e as circunstâncias da ação delituosa.

É interessante notar que o citado Código considerava que as medidas arroladas no art. 14 tinham natureza assistencial, de proteção e de vigilância, com caráter eminentemente preventivo, conforme previa o art. 13. O Código, portanto, retirava toda a natureza punitiva de suas medidas, inclusive daquelas identificadas pela privação de liberdade.

Atualmente, verificada a prática de ato infracional por *adolescente*, como identificado no art. 2º do ECA, a autoridade judiciária poderá aplicar as medidas socioeducativas previstas no art. 112, a saber: "I – advertência; II – obrigação de reparar o dano; III – prestação de serviços à comunidade; IV – liberdade assistida; V – inserção em regime de semiliberdade; VI – internação em estabelecimento educacional; VII – qualquer uma das previstas no art. 101, I a VI".

A aplicação das medidas socioeducativas será promovida pela *autoridade competente*, nos termos do art. 112 do ECA. Logo após a promulgação da lei a doutrina inclinou-se no sentido de que não existia somente uma autoridade encarregada de aplicar as medidas socioeducativas, mas duas: o juiz e o promotor de justiça,[51] no momento da concessão da remissão.[52]

---

51. O STF decidiu o RE 229.382-SP, cujo relator foi o Min. Moreira Alves (26.6.2002), publicado *DJU* de 31.10.2002, p. 20, transcrito no *Informativo STF* 274, cujo relatório foi resumido da seguinte forma: "Estatuto da Criança e do Adolescente – Remissão e medida socioeducativa. Não ofende o princípio do devido

A discussão foi acirrada, até o momento em que o STJ editou a Súmula 108, que estabelece que "a aplicação de medidas socioeducativas ao adolescente, pela prática de ato infracional, é de competência exclusiva do juiz".

Embora o STJ tenha decidido, *em alguns casos*, deferir a exclusividade do juiz na aplicação da medida socioeducativa, os promotores de justiça vêm transacionando medidas socioeducativas não privativas de liberdade, em sede de remissão, com sucesso. Essa reiterada prática tem permitido que alguns Tribunais de Justiça insistam nas decisões permissivas da aplicação da remissão cumulada como forma de exclusão do processo do infrator. É o caso exemplar do TJPR, no Acórdão 12.260, da lavra do Des. Nunes do Nascimento, da 2ª Câmara Criminal, que completa: "Pode o Ministério Público, ao tempo em que concede a remissão, incluir medida socioeducativa não privativa de liberdade, cuja homologação requererá ao juízo, o qual, em discordando, remeterá os autos ao Procurador-Geral de Justiça, mediante despacho fundamentado. O que é inviável é a substituição da medida protetiva, avençada entre o promotor e o adolescente e seu responsável, por medida socioeducativa diversa imposta pelo juiz".[53]

Por outro lado, há perfeito entendimento entre os operadores do Direito no sentido de que não há impedimento do Ministério Público em

---

processo legal o art. 127 do ECA na parte em que admite a acumulação do instituto da remissão com a aplicação de medida socioeducativa pela autoridade judiciária ('Art. 127. A remissão não implica necessariamente o reconhecimento ou comprovação da responsabilidade, nem prevalece para efeito de antecedentes, podendo incluir eventualmente a aplicação de qualquer das medidas previstas em lei, exceto a colocação em regime de semiliberdade e internação'). Com esse entendimento, o Tribunal, por maioria, vencido o Min. Marco Aurélio, reformou acórdão do TJSP que, sob o fundamento de que seria necessário instaurar procedimento para apuração da autoria e da materialidade do ato infracional, afastara a medida socioeducativa de advertência imposta pela sentença cumulativamente com a homologação da remissão concedida pelo Ministério Público – Recurso extraordinário conhecido e provido para que, afastada essa preliminar acolhida pelo acórdão recorrido, prossiga o Tribunal *a quo* no julgamento da apelação, como entender de direito".

52. Não confundir com *remição*, prevista na Lei 7.210/1984, que objetiva abreviar parte do tempo da condenação através do trabalho. A *remissão*, prevista nos arts. 126 a 128 do ECA, tem o significado ora de "transação" e "acordo", ora de "perdão" (cf. Wilson Donizeti Liberati, *Comentários ao Estatuto da Criança e do Adolescente*, cit., 11ª ed., pp. 144-147).

53. Publicado na *Revista Igualdade* 28/180, Curitiba, Ministério Público do Estado do Paraná. Neste mesmo sentido: Acórdão 8.002, publicado na *Revista Igualdade* 19/250, do mesmo Tribunal; Acórdão 12.189, 1ª Câmara Criminal/PR, Ap. 87.998-7, Des. Clotário Portugal Neto, j. 30.3.2000.

quaisquer das *medidas específicas de proteção* ao adolescente autor de ato infracional em sede de remissão. Esse entendimento fundou-se na Regra 11.2 das Regras Mínimas das Nações Unidas para a Administração da Justiça de Menores – Regras de Beijing, que determina que: "(...) o Ministério Público e outros órgãos afetos à Justiça de Menores podem ser dotados de poder para resolver as questões que lhe forem submetidas, sem recorrer a audiências formais (...)".

Essas medidas somente serão aplicadas quando puderem respeitar a capacidade do infrator para cumpri-las, as circunstâncias e a gravidade da infração. Caso contrário o infrator não poderá ficar sujeito ao cumprimento de medidas em circunstâncias vexatórias ou que importem violação de sua dignidade.

As medidas socioeducativas são aquelas atividades impostas aos adolescentes quando considerados autores de ato infracional. Destinam-se elas à formação do tratamento integral empreendido, a fim de reestruturar o adolescente para atingir a normalidade da integração social.

Isso não representa a retirada do aspecto sancionatório-punitivo das medidas. Ao contrário, as medidas socioeducativas têm, nitidamente, natureza punitiva, mas são executadas por meio de um conjunto de ações que combinam educação e convivência social na família e na comunidade.

Os métodos para a aplicação das medidas socioeducativas são pedagógicos, sociais, psicológicos e psiquiátricos, visando, sobretudo, à integração do adolescente em sua própria família e na comunidade, incentivando-o a reconstruir os valores violados.

A proposta apresentada pela Doutrina da Proteção Integral é a de que o adolescente receba medidas socioeducativas com o fim de interferir no seu processo de desenvolvimento, para conduzi-lo a uma melhor compreensão da realidade e efetiva integração social.

Neste sentido, Olympio de Sá Sotto Maior esclarece que "a excelência das medidas socioeducativas se fará presente quando propiciar aos adolescentes oportunidade de deixarem de ser meras vítimas da sociedade injusta em que vivemos para se constituírem em agentes transformadores desta mesma realidade".[54]

Para o autor acima citado as medidas socioeducativas não se apresentam de forma coercitiva nem perfilam caráter punitivo. No entanto

---

54. Olympio de Sá Sotto Maior, in Munir Cury (coord.), *Estatuto da Criança e do Adolescente Comentado: Comentários Jurídicos e Sociais*, 11ª ed., São Paulo, Malheiros Editores, 2010, p. 536.

Mário Volpi afirma que as medidas socioeducativas "comportam aspectos de natureza coercitiva, vez que são punitivas aos infratores, e aspectos educativos, no sentido da proteção integral e oportunização e do acesso à formação e informação, sendo que, em cada medida, esses elementos apresentam graduação, de acordo com a gravidade do delito cometido e/ ou sua reiteração".[55]

Essa posição também é sustentada por Antônio Fernando do Amaral e Silva e João Batista da Costa Saraiva ao afirmarem que, além de educativas, as medidas carregam acentuado propósito coercitivo e punitivo.

Não há dúvida, porém, de que os regimes socioeducativos devem constituir-se em condição de garantia de acesso do adolescente às oportunidades de superação de sua condição de exclusão social, bem como de acesso à formação de valores positivos de participação na vida em sociedade. Mas, por outro lado, o adolescente autor de ato infracional deve ajustar sua conduta, por meio de movimentos de coercibilidade e de punição pelo ato ilícito praticado.

A execução dessas medidas deve prever, obrigatoriamente, a participação da família e da comunidade, mesmo nos casos de privação de liberdade.

A comunidade será chamada para contribuir com atividades de planejamento, controle e execução das ações que serão desenvolvidas nos locais apropriados, oportunizando a relação entre o adolescente internado e a comunidade.

Assinala, ainda, Mário Volpi que os programas socioeducativos deverão "utilizar-se do princípio da *incompletude institucional*, caracterizado pela utilização do máximo possível de serviços (saúde, educação, defesa jurídica, trabalho, profissionalização etc.) na comunidade, responsabilizando as políticas setoriais no atendimento aos adolescentes".[56]

Dentre as medidas fixadas pelo Estatuto, umas são restritivas de direitos, e outras da liberdade de locomoção. As medidas restritivas de direito poderão ser convertidas em privativas de liberdade por até três meses caso o adolescente, reiterada e injustificadamente, deixe de cumprir as condições da medida anteriormente imposta.

Pela importância que representam na nova ordem jurídica, é necessário identificá-las e analisá-las separadamente, tecendo considerações

---

55. Mário Volpi (org.), *O Adolescente e o Ato Infracional*, São Paulo, Cortez, 1997, p. 20.
56. Idem, p. 21.

MEDIDAS PUNITIVAS: INTERVENÇÃO REPRESSIVA DO ESTADO 119

sobre sua finalidade, natureza e meios de execução. Ao mesmo tempo, é educativo compará-las com as medidas aplicadas aos menores infratores ao tempo do Código de Menores de 1979.

5.8.1 Advertência

O ECA propõe, no art. 112, as medidas socioeducativas de advertência, de obrigação de reparar o dano, de prestação de serviços à comunidade, de liberdade assistida, de semiliberdade e, por fim, a de internação.

Diga-se, preliminarmente, que essas medidas anunciadas têm natureza sancionatória e conteúdo prevalentemente pedagógico, considerando-se que somente serão aplicadas pela autoridade judiciária aos adolescentes considerados autores de ato infracional, mediante processo judicial onde se verifiquem a ampla defesa e o contraditório.[57]

A primeira delas é a *advertência*. O termo "advertência" deriva do Latim *advertentia*, do verbo *advertere*, com o significado de "admoestação", "aviso", "repreensão", "observação", "ato de advertir". Desses sinônimos, o Estatuto preferiu "admoestação", ao consagrar, no art. 115, que "a advertência consistirá em admoestação verbal, que será reduzida a termo e assinada". Com o significado de "admoestação", a advertência representa modalidade de sanção aplicada a quem praticou infração penal.

Traduz-se a medida de advertência num ato de autoridade, solene e revestido das formalidades legais, que exigem, para sua aplicação, a ocorrência da "materialidade e indícios suficientes da autoria", como dispõe o parágrafo único do art. 114 do ECA.

A advertência será aplicada pelo juiz no processo de conhecimento, na forma do art. 115 do Estatuto. Nos casos de remissão concertada pelo Ministério Público[58] em que se cumula a aplicação de medida socioeducativa de advertência, quando da homologação da remissão e aplicação

---

57. Cf. Wilson Donizeti Liberati, *Processo Penal Juvenil – A Garantia da Legalidade na Execução de Medida Socioeducativa*, cit., pp. 89 e ss.
58. Em nossa opinião, aumenta, a cada dia, a quantidade de juristas que entendem que a medida socioeducativa de Advertência deve ser aplicada pelo Ministério Público, por ocasião da audiência de apresentação prevista no art. 179 do ECA, quando estiverem presentes os requisitos previstos no parágrafo único do art. 114. Se aplicada em sede de remissão pelo *Parquet*, dispensa-se a exigência das provas de autoria e da materialidade, porquanto resulta em transação destinada a evitar a instauração do processo, conforme dispõe o *caput* do art. 126 do ECA. Cf. nota 41 – STF RE 229.382-SP.

da medida, será designada audiência admonitória ao adolescente, pelo juiz competente.

De qualquer modo, a advertência, podendo ser aplicada no limiar do sistema de Justiça da Infância e da Juventude, por ocasião da audiência de apresentação ao Ministério Público (ECA, art. 179), não impede que a medida decorra de procedimento de apuração do ato infracional, mediante o respectivo procedimento contraditório.

Para a aplicação da medida socioeducativa de advertência o Estatuto determina a realização de audiência admonitória, onde deverão estar presentes o juiz, o Ministério Público, o adolescente e seus pais ou responsável.

Nessa audiência, envolta em procedimento ritualístico, será manifestada a coerção da medida, com evidente caráter intimidativo e de censura, devendo-se levar em conta, no entanto, que o adolescente advertido é titular do direito subjetivo à liberdade, ao respeito e à dignidade; e alguém que se apresenta na condição peculiar de pessoa em desenvolvimento, não podendo ser exposto ou submetido a constrangimento ou vexame.

Por ser singela, a medida socioeducativa de advertência não é menos importante que as demais. A presença da autoridade, alertando o jovem para as consequências do ato indesejado que praticou, irá contribuir, sobremaneira, para sua educação.

Não menciona o Estatuto a obrigatoriedade da presença do advogado do adolescente. No entanto, tem-se que a imposição de *qualquer* medida socioeducativa – inclusive a de advertência – interfere no direito à liberdade do adolescente, e seu caráter socioeducativo determina sua vinculação ao princípio da *justa causa*, necessitando, pois, da presença de defensor, nos termos do inciso III do art. 101 do Estatuto, sob pena de nulidade do ato processual.

O adolescente a quem se atribui a autoria de ato infracional tem direito ao devido processo legal. Ninguém, por mais relevantes que sejam as razões fáticas, poderá sofrer prejuízo, deixando de receber completa proteção jurídica por meio do sempre indispensável processo legal.[59]

Ao relatar o recurso de AC 16.070-0/0, do TJSP, o Des. Weiss de Andrade assim se manifestou: "É direito constitucional do cidadão que somente após o regular processo, observados o contraditório e a ampla defesa, possa ele sofrer qualquer forma de apenação. O devido processo legal deve ser respeitado de forma estrita. O argumento de que não seria

59. Cf. *JTJ* 149/149.

aplicável, neste caso, este direito do cidadão, por ausência de caráter jurisdicional, deve ser repelido".

De qualquer forma, a medida de advertência é recomendada, via de regra, para os adolescentes que não têm histórico criminal e para os atos infracionais considerados leves, quanto à sua natureza ou consequências.

A medida de advertência aplicada no tempo do Código de Menores de 1979 tinha a mesma característica prática e funcional, mas o fundamento de sua aplicação era diverso. Lá a medida era aplicada ao menor em situação irregular; isso significava que, estando o menor em situação de abandono ou carência ou sendo considerado infrator, a lei autorizava a aplicação da referida medida. Pelo Estatuto a medida somente poderá ser aplicada se o adolescente for considerado autor de ato infracional, após a apuração do fato perante o Ministério Público ou em processo judicial, com as garantias constitucionais previstas no art. 5º da CF e no art. 111 do ECA.

5.8.2 Obrigação de reparar o dano

Dispõe o art. 116 do Estatuto: "Em se tratando de ato infracional com reflexos patrimoniais, a autoridade poderá determinar, se for o caso, que o adolescente restitua a coisa, promova o ressarcimento do dano ou, por outra forma, compense o prejuízo da vítima".

A reparação do dano consiste na restituição ou ressarcimento do dano causado pela prática do ato infracional. Portanto, tem caráter sancionatório-punitivo pela prática de ato indesejável pela sociedade e considerado ilícito penal pela ordem jurídica.

Caracterizada pela coerção e pelo processo educativo que desencadeia nas partes envolvidas, a medida socioeducativa consistente na obrigação de reparar o dano será imposta em procedimento contraditório, onde serão assegurados ao adolescente os direitos constitucionais da ampla defesa, da igualdade processual, da presunção de inocência etc. – inclusive com a imprescindível assistência técnica de advogado.

Tem-se que o propósito da medida é fazer com que o adolescente autor de ato infracional se sinta responsável pelo ato que cometeu e intensifique os cuidados necessários para não causar prejuízo a outrem. Por isto, essa medida tem caráter personalíssimo e intransferível, devendo o adolescente ser o responsável exclusivo pela reparação do dano.

É necessário, entretanto, fazer outra exegese, a partir dos arts. 3º, 4º, 180, 186 e 932, todos do CC (Lei 10.406/2002), que obrigam o causador do dano, ou seu responsável, a repará-lo.

Pelo citado Código, se o causador do ato ilícito contar, à época, com menos de 16 anos, a reparação dos danos será obrigatória, com exclusividade, para os pais, responsáveis, curadores ou tutores, conforme dispõe o art. 156.

Diversa é a solução, entretanto, se o infrator tiver entre 16 e 21 anos. Nesse caso, a lei o compara ao maior no que concerne ao ressarcimento dos danos causados em virtude da prática de atos ilícitos. Assim sendo, o causador do dano responderá, solidariamente com seus pais, tutor ou curador, pela reparação devida, nos termos do art. 180, c/c o art. 932, I e II, do CC.

Entende-se, porém, que o Estatuto da Criança e do Adolescente, ao fixar a idade de 12 anos para o início da responsabilidade do adolescente pelos atos ilícitos que praticar e suas consequências, interfere na extensão do art. 3º do CC. Se a intenção do Estatuto era promover a responsabilização do adolescente autor de ato infracional pelos danos que causou a terceiro, obrigando-o a reparar o dano, como medida socioeducativa, com seus próprios recursos, essa determinação ou fere o dispositivo acima ou o revoga, pois pelos atos que praticar e pelas consequências geradas por eles o adolescente de 12 anos já é responsável.

A medida socioeducativa consistente na obrigação de reparar o dano, por si só, tem caráter educativo, pela forma como é executada. Por outro lado, apresenta natureza sancionatório-punitiva, que visa a impor ao adolescente autor de ato infracional uma conduta pessoal e intransferível, que deve ser, se possível, cumprida exclusivamente por ele. O próprio ECA sugere, no parágrafo único do art. 116, a alternatividade de cumprimento da medida quando houver *manifesta* impossibilidade de ser cumprida; a própria lei autoriza sua substituição. O Estatuto foi firme neste aspecto, para expressar que o objetivo da medida é a retribuição pessoal, de caráter punitivo e, ao mesmo tempo, educativo ao adolescente que praticou ilícito penal.

O art. 116 do ECA apresenta três hipóteses de satisfação da obrigação, a saber: a devolução da coisa, o ressarcimento do prejuízo e a compensação do prejuízo por qualquer meio. A medida indicada apresenta – na escolha do meio de reparação – caráter facultativo, dependendo das circunstâncias de cada caso concreto e das condições do infrator.

Na primeira forma de reparação o infrator deve *restituir a coisa*, dando-se a satisfação da obrigação, quando ocorrentes privação, subtração, esbulho ou usurpação de um bem que era da vítima, que não pereceu ou se perdeu.

O *ressarcimento do dano* é a segunda maneira de se satisfazer a obrigação. Não sendo possível a devolução, as partes envolvidas – adolescente e vítima – farão um acordo para substituí-la por soma em dinheiro, de preferência com recursos do próprio adolescente. A transação deve ser a mais completa possível, abrangendo os danos materiais e morais (danos emergentes, lucros cessantes etc.). Esse acordo deverá ser homologado pelo juiz e terá força de título executivo.

A terceira forma de reparação do dano é a *compensação do prejuízo*, por qualquer meio. Não sendo possível devolver a coisa, nem sua compensação em dinheiro, a medida poderá ser substituída por outra, de natureza genérica – caso em que o Ministério Público ou a defesa formularão requerimento, indicando a medida que entendam adequada. Aqui, o legislador foi mais liberal e possibilitou que o mecanismo de satisfação da obrigação fosse o mais amplo possível. Nesse caso, infrator e vítima poderão acordar qual a melhor maneira de reparação do dano.

A medida socioeducativa consistente na obrigação de reparar o dano, por sua natureza, propicia o restabelecimento com a sociedade dos vínculos que foram partidos em virtude da prática do ato infracional. No âmbito do direito penal verifica-se medida semelhante, mas de efeito punitivo extrapenal, na sentença condenatória, transitada em julgado.

Havendo, pois, manifesta impossibilidade de executar a medida de reparação do dano, a autoridade competente deverá estar atenta para substituí-la por outra, que se mostrar mais adequada.

Os Códigos de Menores de 1927 e 1979 não contemplaram a medida de reparação do dano como medida autônoma, tampouco era exclusiva para os infratores. O Código de 1927 inseriu-a dentre as obrigações dos pais, curadores e tutores, nas condições de cumprimento da *liberdade vigiada* (art. 92). Por sua vez, o Código de 1979 contemplou a possibilidade da reparação dos danos causados pelo menor no momento da realização da audiência de verificação, conforme estava disposto no art. 103:

"Art. 103. Sempre que possível e se for o caso, a autoridade judiciária tentará, em audiência com a presença do menor, a composição do dano por este causado.

"Parágrafo único. Acordada a composição, esta será reduzida a termo e homologada pela autoridade judiciária, constituindo título de crédito executivo, nos termos da lei processual civil."

Ao comentar esse artigo, Antônio Luiz Ribeiro Machado esclareceu a ideologia daquele diploma legal: "Essa presença do menor é importante para que ele sinta a responsabilidade pelo dano que causou a terceiro e acompanhe os *encargos assumidos por seus pais ou responsável*, conscientizando-se, portanto, das consequências desastrosas de seu procedimento. Assim, ele se aperceberá de que, embora penalmente inimputável, o *seu comportamento infracional acarretará consequências graves aos seus pais ou responsável*"[60] (grifos nossos).

Naquela época a criança e o adolescente que praticassem qualquer ato ilícito que gerasse prejuízo material a terceiro não eram submetidos à ordem de reparação. Seus pais ou responsável eram chamados ao ressarcimento, nos termos do art. 5º, c/c os arts. 156 e 1.521, I e II, todos do CC/1916.

5.8.3 Prestação de serviços à comunidade

A medida socioeducativa de prestação de serviços à comunidade vem descrita no art. 117 do ECA:

"Art. 117. A prestação de serviços comunitários consiste na realização de tarefas gratuitas de interesse geral, por período não excedente a 6 (seis) meses, junto a entidades assistenciais, hospitais, escolas e outros estabelecimentos congêneres, bem como em programas comunitários ou governamentais.

"Parágrafo único. As tarefas serão atribuídas conforme as aptidões do adolescente, devendo ser cumpridas durante jornada máxima de 8 (oito) horas semanais, aos sábados, domingos e feriados ou em dias úteis, de modo a não prejudicar a frequência à escola ou a jornada normal de trabalho."

Ao mesmo tempo em que a citada medida impõe restrições aos direitos do infrator, ela sanciona seu comportamento e delimita sua condição de autor de ato infracional.

Com natureza sancionatório-punitiva e, também, com grande apelo comunitário e educativo, a medida socioeducativa de prestação de serviços à comunidade constitui medida de excelência tanto para o jovem infrator quanto para a comunidade. Esta poderá responsabilizar-se pelo desenvolvimento integral do adolescente. Ao jovem valerá como experiência de vida comunitária, de aprendizado de valores e compromissos sociais.

Pode-se dizer que, a exemplo da proposta do Código Penal, a medida em análise figura como uma alternativa para a privação de liberdade,

---

60. Antônio Luiz Ribeiro Machado, *Código de Menores Comentado*, cit., p. 166.

permitindo que o infrator cumpra, junto à sua família, no emprego e na comunidade, trabalhos gratuitos em benefício dos mais necessitados.

René Ariel Dotti, ao comentar o sistema alternativo de penas, relata que no "Documento de Trabalho elaborado pelo *National Institute of Corrections* para o VI Congresso da ONU (Caracas, 1980), conceitua-se o serviço em favor da comunidade como uma sentença através da qual o condenado se obriga a dedicar uma parte de seus serviços no interesse geral como forma de reparar o dano resultante do delito".[61]

Mais adiante o autor afirma que a pena traduz "o sentido retributivo tanto sob o plano coletivo como individual, relacionado à vitima".

O trabalho deve ser gratuito; porém, deve ser medida que reflita ônus para o infrator, e não uma relação de emprego. Além disto, como sugere Luiz Flávio Gomes, essa atribuição de tarefas gratuitas "é uma obrigação de fazer algo pessoalmente (*in personam actio*)", que deriva de uma "obrigação de fazer algo em pessoa", sobressaindo-se o "caráter personalíssimo da prestação de serviços: ninguém pode prestá-lo no lugar do condenado (nenhuma pena, aliás, pode passar da pessoa do delinquente, consoante o princípio da personalidade da pena – CF, art. 5º, XLV)".[62]

Não deve, entretanto, ser proposta contra a vontade do adolescente, pois corresponderá a trabalho forçado e obrigatório – o que é proibido. Para a operacionalização da medida, recomenda-se o uso de programas que estabeleçam parcerias com órgãos públicos e organizações não governamentais.

A prestação de serviços à comunidade será mais efetiva na medida em que houver o adequado acompanhamento do adolescente pelo órgão executor e o apoio da entidade que recebe a utilidade real do trabalho realizado.

Há que se privilegiar, sobremaneira, as medidas socioeducativas que preveem atividades em meio aberto, a exemplo das que impõem o dever de reparar o dano, a obrigação de prestação de serviços à comunidade e a liberdade assistida. Essas medidas, realizadas no contexto comunitário e familiar, possibilitam ao jovem infrator reexaminar sua conduta, avaliar as consequências dela derivadas e propor mudança de comportamento, com indicação de que não mais irá praticar atos ilícitos.

---

61. René Ariel Dotti, *Bases e Alternativas para o Sistema de Penas*, São Paulo, Ed. RT, 1998, p. 487.

62. Luiz Flávio Gomes, *Penas e Medidas Alternativas à Prisão*, São Paulo, Ed. RT, 1999, p. 139.

No âmbito penal a medida é considerada pena *alternativa* à privação de liberdade,[63] que demonstra uma forma distinta de a sociedade reprovar a conduta do infrator. No âmbito do Estatuto o significado dessa medida é relevante, quando permite ao adolescente autor de ato infracional suportar o ônus do ato infracional praticado, interagir com a comunidade e desenvolver a cidadania, pela prática de serviços comunitários.

Os Códigos de Menores de 1927 e 1979 não contemplavam a medida de prestação de serviços à comunidade. Qualquer atividade que, porventura, devesse ser exercida por menores infratores deveria estar associada ao estabelecimento onde eles estavam internados; não existia o sentido de serviço comunitário como pena, conforme considerado atualmente.

Aquelas leis consideravam os menores absolutamente incapazes de assumir qualquer responsabilidade pelos atos que praticavam. Por isto, os que estavam em situação irregular eram "tratados", "protegidos" e retirados do convívio social, para não sentirem a influência do mundo "dos adultos". Por este motivo, a prestação de serviços comunitários não poderia estar no rol daquelas medidas destinadas ao infrator.

5.8.4 Liberdade assistida

Dispõe o art. 118 do ECA que a medida socioeducativa de liberdade assistida "será adotada sempre que se afigurar a medida mais adequada para o fim de acompanhar, auxiliar e orientar o adolescente". Emenda o § 1º que "a autoridade designará pessoa capacitada para acompanhar o caso, a qual poderá ser recomendada por entidade ou programa de atendimento". O § 2º completa: "A liberdade assistida será fixada pelo prazo mínimo de 6 (seis) meses, podendo a qualquer tempo ser prorrogada, revogada ou substituída por outra medida, ouvido o orientador, o Ministério Público e o defensor".

A medida socioeducativa de liberdade assistida é uma das alternativas que tem a autoridade à privação de liberdade e à institucionalização do infrator. É, no entanto, medida que impõe obrigações ao adolescente de forma coercitiva – ou seja: o jovem está obrigado a se comportar de acordo com a ordem judicial.

Na realidade, a medida concretiza-se pelo acompanhamento do infrator em suas atividades sociais (escola, família, trabalho). Mário Volpi lembra que a intervenção educativa da medida "se manifesta no acompa-

---

63. CP, art. 46, com a redação dada pela Lei 6.416/1977.

nhamento personalizado, garantindo-se os aspectos de: proteção, inserção comunitária, cotidiano, manutenção de vínculos familiares, frequência à escola, inserção no mercado de trabalho e/ou cursos profissionalizantes e formativos".[64]

A forma de execução da medida revela sua natureza: como a medida é imposta pelo juiz ao adolescente que foi considerado autor de ato infracional, sua natureza é sancionatório-punitiva, complementada pelo seu inerente conteúdo pedagógico.

O melhor resultado dessa medida será conseguido pela especialização e valor do pessoal ou entidade que desenvolverá o acompanhamento com o jovem. Os técnicos ou as entidades deverão desempenhar sua missão através de estudo do caso, de métodos de abordagem, organização técnica da aplicação da medida e designação de agente capaz, sempre sob a supervisão do juiz.

Como a medida é ato executório, o juiz designará pessoa capacitada para acompanhar o caso. Munir Cury, Paulo Afonso Garrido de Paula e Jurandir Norberto Marçura comentam que "o encargo é pessoal, devendo recair sobre pessoa determinada. As entidades que mantêm programa de liberdade assistida (art. 90, V) deverão indicar as pessoas capacitadas para exercer a função de orientador, podendo a autoridade judiciária designar qualquer pessoa de sua confiança".[65]

O orientador deverá, pois, ter formação técnica e apresentar relatórios das atividades e do comportamento do adolescente, especificando o cumprimento das obrigações estipuladas pela autoridade judiciária.

Os encargos do orientador estão inscritos no art. 119 do Estatuto: "I – promover socialmente o adolescente e sua família, fornecendo-lhes orientação e inserindo-os, se necessário, em programa oficial ou comunitário de auxílio e assistência social; II – supervisionar a frequência e o aproveitamento escolar do adolescente, promovendo, inclusive, sua matrícula; III – diligenciar no sentido da profissionalização do adolescente e sua inserção no mercado de trabalho; e IV – apresentar relatório do caso".

De resto, convém salientar que o Estatuto não define, especificamente, as condições que deverão ser cumpridas pelo adolescente. Essa tarefa cabe à autoridade judiciária, que individualizará as atividades, de acordo com a capacidade do adolescente. Essas prescrições poderão abranger

---

64. Mário Volpi (org.), *O Adolescente e o Ato Infracional*, cit., p. 24.
65. Munir Cury, Paulo Afonso Garrido de Paula e Jurandir Norberto Marçura, *Estatuto da Criança e do Adolescente Anotado*, 2ª ed., São Paulo, Ed. RT, 2000, p. 105.

as relações de trabalho e escola, bem como as de ordem familiar. Poderá haver também a proibição de ingerir bebidas alcoólicas, de frequência a determinados ambientes etc.

A liberdade assistida poderá, inclusive, ser desenvolvida por grupos comunitários, com orientadores indicados pela comunidade. Embora designado pela comunidade, o orientador deverá preencher os mesmos requisitos já mencionados e estar integrado à rede de atendimento ao adolescente.

Essa modalidade de execução da medida de liberdade assistida é conhecida por Liberdade Assistida Comunitária/LAC, e tem-se mostrado muito eficiente, pelo seu grau de envolvimento na comunidade e de inserção no cotidiano dos adolescentes acompanhados.

Com essa mesma finalidade, o art. 92 do Código de Menores de 1927 contemplava a liberdade vigiada, que se resumia nas determinações do juiz, de ordem genérica, responsáveis por impor ao infrator condições de procedimento perante a comunidade onde vivia.

O Código de Menores de 1979, por sua vez, consagrava a liberdade assistida com o mesmo título e com o mesmo *modus operandi* – ou seja: a autoridade judiciária nomeava um orientador para acompanhar o infrator no cumprimento das condições impostas.

Entretanto, a finalidade do cumprimento da medida reportava-se àquela ideologia da legislação que exigia o "tratamento" e a "cura" do menor infrator. A medida podia ser aplicada tanto ao menor abandonado e carente quanto ao menor infrator, conforme permitia o art. 2º, I e II, do citado Código. Pelo Estatuto, ao contrário, a medida somente será imposta pela autoridade judiciária se o adolescente for considerado autor de ato infracional, após a apuração do ato com as devidas cautelas legais.

5.8.5 Inserção em regime de semiliberdade

O art. 120 do ECA dispõe sobre a medida socioeducativa de semiliberdade, que "pode ser determinada desde o início, ou como forma de transição para o meio aberto, possibilitada a realização de atividades externas, independentemente de autorização judicial".

O § 1º define que "são obrigatórias a escolarização e a profissionalização, devendo, sempre que possível, ser utilizados os recursos existentes na comunidade". O § 2º diz que "a medida não comporta prazo determinado, aplicando-se, no que couber, as disposições relativas à internação".

O regime de semiliberdade caracteriza-se pela privação parcial da liberdade do adolescente considerado autor de ato infracional. A ele pode ser imposta tal medida pela autoridade judiciária, por sentença terminativa do processo, observado o devido processo legal.

A privação parcial de liberdade do adolescente autor de ato infracional decorre do objetivo da medida em estudo: sua função é punir o adolescente que praticou ato infracional. É verdade, porém, que todas as medidas socioeducativas – incluindo a inserção em regime de semiliberdade – têm natureza sancionatório-punitiva, com verdadeiro sintoma de retribuição ao ato praticado, executada com finalidade pedagógica.

Geralmente a dinâmica dessa medida se constitui de dois momentos distintos: (a) execução de atividades externas na relação de trabalho e escola, durante o dia, mantendo ampla relação com os serviços e programas sociais e de formação; (b) acompanhamento com o orientador e/ou técnicos sociais durante o período noturno, quando o adolescente deverá recolher-se à entidade de atendimento. Nessa oportunidade os técnicos acompanharão o desenvolvimento do adolescente e informarão ao juiz o progresso e as dificuldades durante a execução da medida.

Duas são as oportunidades de imposição da medida: aquela determinada desde o início pela autoridade judiciária, por meio do devido processo legal de apuração do ato infracional, e aquela determinada pela "progressão" do regime de internação para o da semiliberdade. A semiliberdade poderá, a qualquer tempo, ser convertida em medida socioeducativa em meio aberto, nas mesmas circunstâncias do internamento.

O Estatuto não fixa tempo de duração da medida, mas sugere sua aplicação, no que couber, às disposições relativas à internação, inclusive quanto aos direitos do adolescente privado de liberdade. Percebe-se aqui, novamente, a dificuldade de fixação de limites e regras claras para a execução da medida socioeducativa de semiliberdade.

O Código de Menores de 1927 não contemplava a medida em estudo como medida autônoma. Utilizava-a na medida em que os menores infratores dela fossem necessitando, conforme seu comportamento.

A medida de semiliberdade foi contemplada pelo art. 39 do Código de Menores de 1979 como forma de transição para o meio aberto, com a utilização dos recursos da comunidade, como escolarização e profissionalização.

Como essência, as medidas aplicadas nas diferentes épocas e por diferentes leis eram iguais: privavam parcialmente a liberdade do infrator. A ideologia da política de atendimento, entretanto, variava. Pode-se fazer uma única ruptura dessa diferença através dos tempos: antes e depois do Estatuto da Criança e do Adolescente.

Antes do Estatuto as medidas aplicadas aos menores infratores visavam, sobretudo, à sua proteção, tratamento e cura, como se eles fossem portadores de patologia social que tornava insustentável sua presença no convívio social. O pior disso é que esses menores não eram considerados sujeitos de direitos, mas objeto de atividades policiais e das políticas sociais.

Com o advento da Lei 8.069/1990 o enfoque mudou: a criança e o adolescente são sujeitos de direitos. Premidos pela influência internacional – com o advento da Convenção sobre os Direitos da Criança, em 1989 –, os direitos individuais garantidos pelo sistema constitucional passam também a valer para esses novos protagonistas.

No que diz respeito à aplicação das medidas socioeducativas, inclusive a colocação em regime de semiliberdade, o adolescente autor de ato infracional deverá submeter-se ao devido processo legal de apuração do ato infracional – específico para adolescentes, previsto nos arts. 171 e ss. do ECA –, oportunizando-lhe utilizar todos os recursos disponíveis para sua defesa.

Após o processo judicial de apuração do ato infracional, observado o devido processo legal, a autoridade judicial poderá aplicar as medidas que lhe aprouver, considerando a capacidade do infrator de cumpri-las, segundo seu estágio de desenvolvimento intelectual, físico, moral e psíquico. Mas é importante salientar, por fim, que a medida em destaque, além do caráter educativo e pedagógico que carrega em seu desenvolvimento, tem natureza jurídico-punitiva e de retribuição ao ato infracional praticado.

5.8.6 Internação em estabelecimento educacional

Nos termos do art. 121 do ECA, a "internação constitui medida privativa de liberdade, sujeita aos princípios da brevidade, da excepcionalidade e respeito à condição peculiar de pessoa em desenvolvimento".

A medida socioeducativa de internação é a mais grave e a mais complexa das medidas impostas aos adolescentes infratores, porque impõe grave limitação à liberdade do adolescente. A restrição do direito fundamental de liberdade somente poderá ser decretada pela autoridade judiciária, após o transcurso do devido processo legal, com as garantias da ampla defesa e do contraditório.

MEDIDAS PUNITIVAS: INTERVENÇÃO REPRESSIVA DO ESTADO   131

Mário Volpi entende que "os que forem submetidos à privação de liberdade só o serão porque a sua contenção e submissão a um sistema de segurança são condições, *sine qua non*, para o cumprimento da medida socioeducativa. Ou seja, a contenção não é, em si, a medida socioeducativa, é a condição para que ela seja aplicada. De outro modo, ainda: a restrição da liberdade deve significar apenas a limitação do exercício pleno do direito de ir e vir, e não de outros direitos constitucionais, condição para sua inclusão na perspectiva cidadã".[66]

O pensamento do citado autor pode ensejar certa distorção do verdadeiro sentido da contenção da locomoção do infrator. Sendo considerada de natureza sancionatório-punitiva, a medida socioeducativa de internação não pode ser encarada apenas como um meio para o cumprimento da medida aplicada.

A privação de liberdade – embora seja a mais gravosa e de aplicação excepcional – é a medida que supõe a gravidade do ato ilícito praticado, e não pode ser considerada senão como uma retribuição ao ato infracional praticado pelo adolescente.

Essa posição não diverge daquela apresentada por Sérgio Salomão Shecaira e Alceu Corrêa Jr. ao sustentarem que "a pena privativa de liberdade constitui-se em um legítimo limite imposto pelo Poder Público àquele que utiliza mal seu direito de ir, vir ou permanecer. É uma consequência jurídica aplicada ao infrator".[67]

A internação poderá ser substituída, a qualquer tempo, por medida socioeducativa em meio aberto ou em semiliberdade, desde que o tempo de internação, os elementos, a gravidade da infração e a personalidade do adolescente indiquem ser recomendável a conversão.

Três princípios orientam a aplicação da medida socioeducativa de internação: (a) o da brevidade; (b) o da excepcionalidade; e (c) o do respeito à condição peculiar de pessoa em desenvolvimento.

Pelo princípio da *brevidade* entende-se que a internação deverá ter tempo determinado para sua duração: o mínimo de seis meses e o máximo de três anos (ECA, art. 121, §§ 2º e 3º). A exceção fica por conta do art. 122, § 1º, III, que estabelece o período máximo de três meses de internação nas hipóteses de descumprimento reiterado e injustificável da medida anteriormente imposta: é a chamada *internação-sanção*; o mínimo, neste caso, fica a critério do juiz.

---

66. Mário Volpi (org.), *O Adolescente e o Ato Infracional*, cit., p. 28.
67. Sérgio Salomão Shecaira e Alceu Corrêa Jr., *Pena e Constituição: Aspectos Relevantes para sua Aplicação e Execução*, São Paulo, Ed. RT, 1995, p. 60.

Nota-se que o art. 121 e seus §§ não fixaram o prazo mínimo para a internação.⁶⁸ Todavia, como está prevista a reavaliação da medida a cada seis meses, para sua manutenção ou não, o juiz deverá fixar o mínimo, inicialmente, em seis meses, pois aplicar a medida de privação de liberdade sem prazo mínimo constitui violação ao princípio da legalidade, previsto no art. 5º, XXXIX, da CF.⁶⁹

Emílio García Mendéz salienta que "o caráter indeterminado da privação de liberdade estabelecido no § 2º não deve ser confundido, de modo algum, com o caráter indeterminado das sentenças no velho direito tutelar, que trazia risco para as crianças. (...)".⁷⁰

Na concepção de Antônio Carlos Gomes da Costa, "o fato de a medida privativa de liberdade não comportar prazo determinado, prevista a sua reavaliação, no máximo, a cada seis meses, insere no processo socioeducativo o mecanismo de reciprocidade, fazendo com que o seu tempo de duração passe a guardar uma correlação direta com a conduta do educando e com a capacidade por ele demonstrada de responder à abordagem socioeducativa".⁷¹

De qualquer maneira, quando o infrator atingir 21 anos deverá ser imediatamente liberado. Após essa idade não será possível a aplicação de qualquer medida socioeducativa pela autoridade judiciária, conforme dispõe o § 5º do art. 121 do ECA.

O *princípio da excepcionalidade* informa que a medida de internação somente será aplicada se for inviável ou malograr a aplicação das demais medidas. Ou seja: existindo outra medida que possa substituir a de internação naquele caso concreto, o juiz deverá aplicá-la, reservando a de privação de liberdade para os atos infracionais considerados graves, isto é, aqueles praticados mediante grave ameaça ou violência à pessoa e

---

68. STF, 2ª Turma, HC 69.480-SP, rel. Min. Paulo Brossard, *DJU* 27.11.1992, p. 22.302: "Não há prazo fixado de internação, a teor do § 2º do art. 121 do ECA, devendo a medida ser reavaliada a cada seis meses".
69. TJSP, ACi 16.563-0, rel. Des. Nigro Conceição; *JTJ* 143/110 e 145/124; *RT* 696/442. Em posição contrária, postulando que a estipulação de prazo certo para a internação viola o preceito contido no § 2º do art. 121 do ECA: *JTJ* 145/124; *RJTJRS* 153/407 e 156/368.
70. Emílio García Mendéz, in Munir Cury (coord.), *Estatuto da Criança e do Adolescente Comentado: Comentários Jurídicos e Sociais*, 11ª ed., São Paulo, Malheiros Editores, 2010, p. 583.
71. Antônio Carlos Gomes da Costa, in Munir Cury (coord.), *Estatuto da Criança e do Adolescente Comentado: Comentários Jurídicos e Sociais*, 11ª ed., São Paulo, Malheiros Editores, 2010, p. 584.

por reiteração no cometimento de outras infrações graves, como dispõe o art. 122, I e II, do Estatuto.[72]

Vale salientar que a medida de internação será necessária naqueles casos em que a natureza da infração e o tipo de condições psicológicas do adolescente fazem supor que sem seu afastamento temporário do convívio social a que está habituado ele não será atingido por qualquer medida restauradora ou pedagógica, podendo apresentar, inclusive, riscos para sua comunidade.

Pelo princípio do *respeito ao adolescente em condição peculiar de pessoa em desenvolvimento*, o Estatuto reafirma que é dever do Estado zelar pela integridade física e mental dos internos, cabendo-lhe adotar todas as medidas de contenção e segurança, conforme dispõe o art. 125.

Entretanto, ao efetuar a contenção e a segurança dos infratores internos, as autoridades encarregadas não poderão, de forma alguma, praticar abusos ou submetê-los a vexame ou a constrangimento. Vale dizer que devem observar os direitos do adolescente privado de liberdade, previstos no art. 124.

Postos os princípios norteadores da medida, busca-se, agora, sua finalidade. Como visto acima, na vigência do Código de Menores, Paulo Afonso Garrido de Paula destacava a finalidade da internação: "A internação tem finalidade educativa e curativa. É *educativa* quando o estabelecimento escolhido reúne condições de conferir ao infrator escolaridade, profissionalização e cultura, visando a dotá-lo de instrumentos adequados para enfrentar os desafios do convívio social. Tem finalidade *curativa* quando a internação se dá em estabelecimento ocupacional, psicopedagógico, hospitalar ou psiquiátrico, ante a ideia de que o desvio de conduta seja oriundo da presença de alguma patologia, cujo tratamento,

---

72. É importante fazer, aqui, a analogia do caráter subsidiário do direito penal – a *ultima ratio* com a aplicação de medidas privativas de liberdade. Sobre as medidas sancionatórias de caráter segregativo, cf. Ney Moura Teles, *Direito Penal, Parte Geral I*, 2ª ed., São Paulo, Atlas, 1998, pp. 34-39. O caráter subsidiário do direito penal é bem desenvolvido por Francisco de Assis Toledo, *Princípios Básicos de Direito Penal*, cit., 5ª ed., pp. 13-14 – onde afirma: "A tarefa do direito penal é, portanto, de natureza eminentemente jurídica, e, como tal, resume-se à proteção de bens jurídicos. Nisso, aliás, está empenhado todo o ordenamento jurídico. E aqui entrenota-se o caráter subsidiário do ordenamento penal: onde a proteção de outros ramos do Direito possa estar ausente, falhar ou revelar-se insuficiente, se a lesão ou exposição a perigo do bem jurídico tutelado apresentar certa gravidade, até aí deve estender-se o manto da proteção penal, como *ultima ratio regum*. Não além disso". Cf, também, Luiz Régis Prado, *Curso de Direito Penal Brasileiro, Parte Geral*, 2ª ed., São Paulo, Ed. RT, 2000, pp. 82-83.

em nível terapêutico, possa reverter o potencial criminógeno do qual o menor infrator seja portador".[73]

Hoje a medida socioeducativa de internação não objetiva a "cura" do infrator. A medida segregativa terá, por conseguinte, eficácia se for um *meio* para conduzir o adolescente ao convívio da sociedade, nunca um fim em si mesma. Disso decorre que a internação deve ser cumprida em estabelecimento especializado, de preferência de pequeno porte, e contar com pessoal altamente especializado nas áreas pedagógica e psicológica, e até mesmo com conhecimentos de criminologia.

A falta de critérios para o desenvolvimento da medida socioeducativa de internação deriva de reações plausivelmente esperadas, como aquelas exemplificadas pelas rebeliões na FEBEM nos Estados de São Paulo e Rio Grande do Sul. As internações ali processadas, por mais que bem-aplicadas pelos magistrados, são cumpridas e executadas dentro de um modelo antigo, inadequado, impróprio, onde são desenvolvidos "programas" que não se preocupam com a integração do jovem em sua família e em sua comunidade (hoje, Fundação CASA).

A medida de internação deve ser aplicada somente nos casos previstos no art. 122, ou seja, quando: "I – tratar-se de ato infracional cometido mediante grave ameaça ou violência à pessoa; II – por reiteração no cometimento de outras infrações graves; e III – por descumprimento reiterado e injustificável da medida anteriormente imposta".

O elenco das condições é taxativo e exaustivo, não havendo possibilidade de aplicação da medida fora das hipóteses apresentadas.

O ato infracional cometido mediante *grave ameaça* é, segundo Júlio Fabbrini Mirabete, "aquele em que o mal prenunciado deve ser *certo* (não vago), *verossímil* (possível de ocorrer), *iminente* (que está para ocorrer, e não previsto para futuro longínquo) e *inevitável* (que o ameaçado não possa evitar)".[74]

O ato infracional cometido *mediante violência à pessoa* é aquele caracterizado pelo desenvolvimento de força física para vencer a resistência real ou suposta. A violência está sempre presente quando são empregados meios físicos sobre a pessoa da vítima, resultando em lesões corporais ou morte.

73. Paulo Afonso Garrido de Paula, *Menores, Direito e Justiça: Apontamentos para um Novo Direito das Crianças e dos Adolescentes*, São Paulo, Ed. RT, 1989, p. 94.
74. Júlio Fabbrini Mirabete, *Manual de Direito Penal*, vol. 2, São Paulo, Atlas, 1987, p. 35.

A segunda condição para a aplicação da medida de internação é caracterizada pela *reiteração no cometimento de outras infrações graves*. A medida extrema, nesse caso, é justificada para o adolescente que, tendo já recebido a imposição de alguma medida socioeducativa, volta a praticar outros atos infracionais de natureza grave, demonstrando, com sua conduta, que a medida anteriormente imposta não foi suficiente para reintegrá-lo à sociedade. Há, assim, um índice maior de censurabilidade na conduta do infrator que volta a praticar atos ilícitos.

A terceira condição é aquela determinada pelo *descumprimento reiterado e injustificável da medida anteriormente imposta*. Ao incidir nessa hipótese, o adolescente não deixará de cumprir a medida burlada, que será cumulada com a que lhe será imposta, independentemente do ato infracional praticado, após a instauração do devido processo legal, com ampla oportunidade de defesa para o infrator. Trata-se, portanto, de internação instrumental – também conhecida por *internação-sanção* –, destinada a coagir o adolescente ao cumprimento da medida originalmente imposta, não substituindo a medida objeto do inadimplemento.

Além disso, a medida de internação deverá ser cumprida em entidade exclusiva para adolescentes, em local distinto daquele destinado ao abrigo, obedecida rigorosa separação por critérios de idade, compleição física e gravidade da infração (ECA, art. 123).

O Estatuto da Criança e do Adolescente contempla a intervenção do Estado como resposta à prática de ato infracional cometido por menor de 18 anos. Convém lembrar, entretanto, que a finalidade proposta pelo Estatuto é a de assegurar a proteção integral da criança e do adolescente, respeitando, sobretudo, sua condição peculiar de pessoas em desenvolvimento.

Os mecanismos de intervenção estatal acima citados objetivam: (a) garantir o pleno reconhecimento dos direitos individuais do infrator, consagrados na constituição Federal de 1988 e destinados a todos os cidadãos; (b) privilegiar a condição peculiar de pessoa em desenvolvimento do infrator; (c) não admitir outra forma de apuração do ato infracional que não seja a do devido processo legal; (d) instituir a obrigatoriedade da defesa técnica por profissional habilitado, o advogado; (e) o pleno e formal conhecimento da atribuição de ato infracional, mediante citação ou meio equivalente; (f) a igualdade na relação processual, podendo produzir qualquer tipo de prova; (g) a assistência judiciária gratuita e integral; (h) o direito de ser ouvido, pessoalmente, pela autoridade competente; e (i) o direito de solicitar a presença dos pais ou responsável em qualquer fase do procedimento.

A título de ilustração, o quadro mais abaixo demonstra uma comparação entre os dois últimos e principais momentos legislativos que instituíram garantias aos direitos de crianças e adolescentes, cada um a seu modo, em seu momento histórico e político do País.

5.9 Sistema Nacional de Atendimento Socioeducativo (SINASE)

O Sistema Nacional de Atendimento Socioeducativo/SINASE é o conjunto ordenado de princípios, regras e critérios de caráter jurídico, político, pedagógico, financeiro e administrativo que envolvem o processo de apuração de ato infracional e de execução de medida socioeducativa, incluindo-se nele, por adesão, o Sistema nos níveis estaduais, distrital e municipais, bem como todos os planos, políticas e programas específicos de atenção ao adolescente em conflito com a lei.

Em 2006 o SINASE foi apresentado conjuntamente pela Secretaria Especial dos Direitos Humanos da Presidência da República e pelo Conselho Nacional dos Direitos da Criança e do Adolescente/CONANDA, após longa análise da situação por integrantes de diversas áreas de governo e da sociedade civil, além de uma série de debates realizados por operadores do Sistema de Garantia de Direitos.

Finalmente, em 18.1.2012, foi publicada a Lei 12.594, que institui o Sistema Nacional de Atendimento Socioeducativo (SINASE). A nova legislação traz uma série de inovações em relação às medidas socioeducativas aplicadas a adolescentes autores de ato infracional. Entre as novidades, o Centro de Apoio Operacional das Promotorias de Justiça da Criança e do Adolescente, em ofício encaminhado aos promotores de Justiça, destaca:

(a) A nova lei explicita a obrigatoriedade de elaboração, pelo município, de seu "Plano Municipal de Atendimento Socioeducativo" (de vigência decenal), bem como de manutenção de programas destinados à execução das medidas socioeducativas em meio aberto, para o que é expressamente admitida a instituição de consórcio intermunicipal (art. 5º, II e III e § 1º c/c arts. 7º e 8º).

(b) Prevê a obrigatoriedade da reavaliação periódica dos Planos de Atendimento Socioeducativo em todos os níveis de governo, de modo a verificar o cumprimento das metas e aprimorar/agilizar sua execução, inclusive no que diz respeito à adequação do orçamento público às necessidades apuradas e busca da articulação interinstitucional para maior eficiência do Sistema (arts. 18 a 27).

(c) Estabelece requisitos mínimos para inscrição dos programas de atendimento junto aos Conselhos Municipais dos Direitos da Criança e do Adolescente (arts. 10 e 11), incluindo a obrigatoriedade da existência de equipe técnica própria (arts. 11 e 12).

(d) Reafirma o caráter deliberativo dos Conselhos de Direitos, em seus diversos níveis (arts. 3º, § 3º; 4º, § 2º e 5º, § 3º).

(e) Define as responsabilidades dos gestores, operadores e entidades de atendimento, com expressa alusão à aplicação das disposições da Lei 8.429/1992 (arts. 28 e 29).

(f) Estabelece formas de financiamento para a criação/manutenção de programas e serviços do Sistema Socioeducativo, inclusive por meio do Fundo Nacional Antidrogas – FUNAD (art. 32), Fundo de Amparo ao Trabalhador – FAT (art. 33) e Fundo Nacional do Desenvolvimento da Educação – FNDE (art. 34).

(g) Regulamenta a execução das medidas socioeducativas, estabelecendo uma série de princípios (art. 35), tais como:

(g.1) a proibição de destinar ao adolescente um tratamento mais rigoroso do que receberia se adulto fosse (inciso I);

(g.2) o caráter excepcional da intervenção judicial e da imposição de medidas, abrindo espaço para criação de mecanismos destinados à mediação de conflitos, como é a proposta da "Justiça Restaurativa", procurando inclusive atender as necessidades das vítimas (incisos II e III);

(g.3) a obrigatoriedade da individualização das medidas, considerando-se a idade, capacidades e circunstâncias pessoais do adolescente (inciso VI); e

(g.4) a intervenção estatal mínima, devendo esta ser restrita ao necessário para a realização dos objetivos da medida (inciso VII).

(h) Torna obrigatória a formação de autos de execução para as medidas de prestação de serviços à comunidade, liberdade assistida, semi-liberdade e internação (art. 39), com a elaboração de plano individual de atendimento (arts. 52 a 59).

(i) Estabelece, de maneira expressa, que a gravidade do ato infracional, os antecedentes e o tempo de duração da medida não são fatores que, por si, justificam a não substituição da medida privativa de liberdade por outra menos grave (art. 42, § 2º), podendo a reavaliação da necessidade da continuidade de sua execução ser requerida a qualquer tempo (art. 43), observado o prazo máximo de seis meses previsto no art. 121, § 2º, conforme Lei 8.069/1990 (art. 42).

(j) Prevê, de maneira expressa, a unificação de medidas aplicadas em procedimentos diversos (art. 45), deixando claro que:

(j.1) é vedado à autoridade judiciária determinar reinício de cumprimento de medida socioeducativa, ou deixar de considerar os prazos máximos, e de liberação compulsória previstos na Lei 8.069/1990, excetuada a hipótese de medida aplicada por ato infracional praticado durante a execução (art. 45, § 1º);

(j.2) é vedado à autoridade judiciária aplicar nova medida de internação, por atos infracionais praticados anteriormente, a adolescente que já tenha concluído cumprimento de medida socioeducativa dessa natureza, ou que tenha sido transferido para cumprimento de medida menos rigorosa, sendo tais atos absorvidos por aqueles aos quais se impôs a medida socioeducativa extrema (art. 45, § 2º).

(k) Fixa em seis meses o prazo máximo para a validade de mandado de busca e apreensão expedido em desfavor de adolescente, ao término do qual, se for o caso, terá de ser renovado fundamentadamente (art. 47).

(l) Estabelece o direito de o adolescente sentenciado à medida privativa de liberdade ser inserido em programa em meio aberto, quando não existir vaga em entidade própria (art. 49, II).

(m) Dispõe de maneira expressa que a oferta irregular de programas de atendimento socioeducativo em meio aberto não poderá ser invocada como motivo para aplicação ou manutenção de medida de privação da liberdade (art. 49, § 2º).

(n) Assegura a atenção integral à saúde dos adolescentes em cumprimento de medida, inclusive por intermédio de atendimento especializado a usuários de álcool e outras substâncias psicoativas (arts. 60 a 63), tornando obrigatório que as entidades que executam medidas de semiliberdade e internação possuam equipe mínima de profissionais de saúde (art. 62).

(o) Torna obrigatória a avaliação e o tratamento especializado de adolescentes em cumprimento de medida socioeducativa que apresentem indícios de transtorno ou deficiência mental, por equipe técnica multidisciplinar e multissetorial, observadas as disposições da Lei 10.216/2001 (art. 64);

(p) Regulamenta a realização de visitas (incluindo visitas íntimas para casados ou que comprovadamente vivam em união estável) a adolescentes submetidos à medida de internação (arts. 67 a 70).

(q) Estabelece alguns parâmetros para definição do regime disciplinar pelas entidades de atendimento (arts. 71 a 75).

(r) Prevê, de maneira expressa, a profissionalização de adolescentes por meio do SENAI, SENAC, SENAR e SENAT (arts. 76 a 80).

(s) Prevê a obrigatoriedade da adequação dos Sistemas de Ensino, de modo a permitir a reintegração escolar, a qualquer fase do período letivo, de adolescentes inseridos no Sistema Socioeducativo, contemplando as diversas faixas etárias e níveis de instrução (art. 82).

(t) Promove a alteração de diversos dispositivos da Lei 8.069/1990 (Estatuto da Criança e do Adolescente), dispondo, dentre outros:

(t.1) que a proibição da realização de atividades externas por adolescentes vinculados à medida de internação (art. 121, § 1º, do ECA) pode ser revista a qualquer tempo pela autoridade judiciária;

(t.2) que o não oferecimento ou oferta irregular de programas destinados à execução das medidas socioeducativas e de proteção pode gerar a responsabilidade civil e administrativa do agente ao qual se atribui a ação ou omissão (instituindo um inciso X ao art. 208, do ECA);

(t.3) estabelece inovações no que diz respeito à captação de recursos e operacionalização dos Fundos dos Direitos da Criança e do Adolescente, incluindo a possibilidade de a pessoa física efetuar a doação de até 3% do imposto devido diretamente por ocasião de sua Declaração de Ajuste Anual (permanece a possibilidade de doação de até 6% do imposto devido para doações efetuadas no exercício anterior); a obrigatoriedade da criação e manutenção, pelo gestor do Fundo, de conta bancária específica a este destinada, com o subsequente controle das doações recebidas, que deverão ser informadas à Secretaria da Receita Federal (alterações ao art. 260, do ECA e criação dos arts. 260-A a H);

(t.4) a obrigatoriedade de os Conselhos de Direitos da Criança e do Adolescente divulgarem à comunidade o calendário de suas reuniões e prestarem conta de seu trabalho e da execução da política de atendimento à criança e do adolescente no respectivo Ente Federado, incluindo a avaliação dos resultados dos projetos beneficiados com recursos oriundos dos Fundos por eles administrados (acréscimo do art. 260-I, ao ECA);

(t.5) reafirma que compete ao Ministério Público determinar, em cada comarca, a forma de fiscalização da destinação dos recursos captados pelos Fundos dos Direitos da Criança e do Adolescente (acréscimo do art. 260-J, ao ECA).[75]

75. Disponível em: www.patob.com.br/index.php?option=com_content&task= view&id=7643&Itemid=1. Acesso em 8.1.2012.

O SINASE estabelece a repartição de competências entre União, Estados, Distrito Federal e Municípios, outorgando aos entes federativos liberdade de organização e funcionamento.

À União compete: "I – formular e coordenar a execução da política nacional de atendimento socioeducativo; II – elaborar o Plano Nacional de Atendimento Socioeducativo, em parceria com os Estados, o Distrito Federal e os Municípios; III – prestar assistência técnica e suplementação financeira aos Estados, ao Distrito Federal e aos Municípios para o desenvolvimento de seus sistemas; IV – instituir e manter o Sistema Nacional de Informações sobre o Atendimento Socioeducativo, seu funcionamento, entidades, programas, incluindo dados relativos a financiamento e população atendida; V – contribuir para a qualificação e ação em rede dos Sistemas de Atendimento Socioeducativo; VI – estabelecer diretrizes sobre a organização e funcionamento das unidades e programas de atendimento e as normas de referência destinadas ao cumprimento das medidas socioeducativas de internação e semiliberdade; VII – instituir e manter processo de avaliação dos Sistemas de Atendimento Socioeducativo, seus planos, entidades e programas; VIII – financiar, com os demais entes federados, a execução de programas e serviços do SINASE; e IX – garantir a publicidade de informações sobre repasses de recursos aos gestores estaduais, distrital e municipais, para financiamento de programas de atendimento socioeducativo" (art. 3º da Lei 12.594/2012).

As funções normativas, deliberativas e de controle relacionadas à organização e funcionamento do SINASE serão exercidas pelo Conselho Nacional dos Direitos da Criança e do Adolescente/CONANDA; e as funções executiva e de gestão, pela Secretaria Especial dos Direitos Humanos da Presidência da República.

Aos Estados compete: "I – formular, instituir, coordenar e manter Sistema Estadual de Atendimento Socioeducativo, respeitadas as diretrizes fixadas pela União; II – elaborar o Plano Estadual de Atendimento Socioeducativo em conformidade com o Plano Nacional; III – criar, desenvolver e manter programas para a execução das medidas socioeducativas de semiliberdade e internação; IV – editar normas complementares para a organização e funcionamento do seu sistema de atendimento e dos sistemas municipais; V – estabelecer com os Municípios formas de colaboração para o atendimento socioeducativo em meio aberto; VI – prestar assessoria técnica e suplementação financeira aos Municípios para a oferta regular de programas de meio aberto; VII – garantir o pleno funcionamento do plantão interinstitucional, nos termos previstos no inciso V do art. 88 da Lei 8.069, de 13 de julho de 1990 (Estatuto da

Criança e do Adolescente); VIII – garantir defesa técnica do adolescente a quem se atribua prática de ato infracional; IX – cadastrar-se no Sistema Nacional de Informações sobre o Atendimento Socioeducativo e fornecer regularmente os dados necessários ao povoamento e à atualização do Sistema; e X – cofinanciar, com os demais entes federados, a execução de programas e ações destinados ao atendimento inicial de adolescente apreendido para apuração de ato infracional, bem como aqueles destinados a adolescente a quem foi aplicada medida socioeducativa privativa de liberdade" (art. 4º).

As funções normativas, deliberativas e de controle relacionadas à organização e funcionamento do Sistema Estadual serão exercidas pelo Conselho Estadual dos Direitos da Criança e do Adolescente, conforme dispõe o inciso II do art. 88 da Lei 8.069/1990, bem como outras definidas na legislação estadual ou distrital. A função executiva será exercida pelo órgão indicado no Plano Estadual de Atendimento Socioeducativo. O Plano Estadual de Atendimento Socioeducativo será submetido à deliberação do Conselho Estadual dos Direitos da Criança e do Adolescente.

Aos Municípios compete: "I – formular, instituir, coordenar e manter o Sistema Municipal de Atendimento Socioeducativo, respeitadas as diretrizes fixadas pela União e pelo respectivo Estado; II – elaborar o Plano Municipal de Atendimento Socioeducativo, em conformidade com o Plano Nacional e o respectivo Plano Estadual; III – criar e manter programas de atendimento para a execução das medidas socioeducativas em meio aberto; IV – editar normas complementares para a organização e funcionamento dos programas do seu Sistema de Atendimento Socioeducativo; V – cadastrar-se no Sistema Nacional de Informações sobre o Atendimento Socioeducativo e fornecer regularmente os dados necessários ao povoamento e à atualização do Sistema; e VI – cofinanciar, conjuntamente com os demais entes federados, a execução de programas e ações destinados ao atendimento inicial de adolescente apreendido para apuração de ato infracional, bem como aqueles destinados a adolescente a quem foi aplicada medida socioeducativa em meio aberto. § 1º. Para garantir a oferta de programa de atendimento socioeducativo de meio aberto, os Municípios podem instituir os consórcios dos quais trata a Lei 11.107, de 6.4.2005, que dispõe sobre normas gerais de contratação de consórcios públicos e dá outras providências, ou qualquer outro instrumento jurídico adequado, como forma de compartilhar responsabilidades" (art. 5º).

As funções normativas, deliberativas e de controle relacionadas à organização e funcionamento do Sistema Municipal serão exercidas pelo

Conselho Municipal dos Direitos da Criança e do Adolescente; e as funções executivas, pelo órgão indicado no Plano Municipal de Atendimento Socioeducativo. O Plano Municipal de Atendimento Socioeducativo será submetido à deliberação do Conselho Municipal dos Direitos da Criança e do Adolescente.

A Lei 12.594/2012 reafirma os direitos e garantias de crianças e adolescentes previstos nos tratados e convenções internacionais ratificados pelo Brasil, além dos previstos na Constituição e no Estatuto da Criança e do Adolescente. São direitos do adolescente submetido ao cumprimento de medida socioeducativa: "I – ser acompanhado por seus pais ou responsável e por seu defensor, em qualquer fase do procedimento administrativo ou judicial; II – ser incluído em programa de meio aberto quando inexistir vaga para o cumprimento de medida de privação da liberdade, exceto nos casos de ato infracional cometido mediante grave ameaça ou violência à pessoa, quando o adolescente deverá ser internado em Unidade mais próxima de seu local de residência; III – ser respeitado em sua personalidade, intimidade, liberdade de pensamento e religião e em todos os direitos não expressamente limitados na sentença; IV – peticionar, por escrito ou verbalmente, diretamente a qualquer autoridade ou órgão público, devendo, obrigatoriamente, ser respondido em até 15 dias; V – ser informado, inclusive por escrito, das normas de organização e funcionamento do programa de atendimento e também das previsões de natureza disciplinar; VI – receber, sempre que solicitar, informações sobre a evolução de seu plano individual, participando, obrigatoriamente, de sua elaboração e, se for o caso, reavaliação; VII – receber assistência integral à sua saúde, conforme o disposto no art. 60 desta Lei; e VIII – ter atendimento garantido em creche e pré-escola aos filhos de zero a cinco anos" (art. 49).

Dispõem, ainda, os §§ 1º e 2º do art. 49 que as garantias processuais destinadas a adolescente autor de ato infracional previstas no ECA aplicam-se integralmente na execução das medidas socioeducativas, inclusive no âmbito administrativo. A oferta irregular de programas de atendimento socioeducativo em meio aberto não poderá ser invocada como motivo para aplicação ou manutenção de medida de privação da liberdade.

Pelo art. 51, sem prejuízo do disposto no § 1º do art. 121 do ECA, "a direção do programa de execução de medida de privação da liberdade poderá autorizar a saída, monitorada, do adolescente nos casos de tratamento médico, doença grave ou falecimento, devidamente comprovados, de pai, mãe, filho, cônjuge, companheiro ou irmão, com imediata comunicação ao juízo competente".

"A decisão judicial relativa à execução de medida socioeducativa será proferida após manifestação do defensor e do Ministério Público" (art. 52).

Os artigos seguintes, da Lei 12.594, dispõem sobre o Plano Individual de Atendimento (PIA):

"Art. 52. O cumprimento das medidas socioeducativas, em regime de prestação de serviços à comunidade, liberdade assistida, semiliberdade ou internação, dependerá de Plano Individual de Atendimento (PIA), instrumento de previsão, registro e gestão das atividades a serem desenvolvidas com o adolescente.

"Parágrafo único. O PIA deverá contemplar a participação dos pais ou responsáveis, os quais têm o dever de contribuir com o processo ressocializador do adolescente, sendo esses passíveis de responsabilização administrativa (art. 249 do ECA), civil e criminal."

"Art. 53. O PIA será elaborado sob a responsabilidade da equipe técnica do respectivo programa de atendimento, com a participação efetiva do adolescente e de sua família, representada por seus pais ou responsável."

Em relação aos procedimentos de execução da medida socioeducativa, a referida lei enumera as autoridades responsáveis, deferindo a fiscalização ao Ministério Público.

Quanto à estrutura, conforme o art. 54, constarão do Plano Individual de Atendimento (PIA), no mínimo: "I – os resultados da avaliação interdisciplinar; II – os objetivos declarados pelo adolescente; III – a previsão de suas atividades de integração social e/ou capacitação profissional; IV – atividades de integração e apoio à família; V – formas de participação da família para efetivo cumprimento do plano individual; e VI – as medidas específicas de atenção à sua saúde".

O PIA, para o cumprimento das medidas de *semiliberdade* ou de *internação*, conterá ainda: "I – a designação do programa de atendimento mais adequado para o cumprimento da medida; II – a definição das atividades internas e externas, individuais ou coletivas, das quais o adolescente poderá participar; e III – a fixação das metas para o alcance de desenvolvimento de atividades externas. O PIA será elaborado no prazo de até 45 dias da data do ingresso do adolescente no programa de atendimento" (art. 55 e parágrafo). Mas, "para o cumprimento das medidas de prestação de serviços à comunidade e de liberdade assistida, o PIA será elaborado no prazo de até 15 dias do ingresso do adolescente no programa de atendimento" (art. 56).

Importante ressaltar o disposto no art. 57, de que, para a elaboração do Plano, "a direção do respectivo programa de atendimento, pessoalmente ou por meio de membro da equipe técnica, terá acesso aos autos do procedimento de apuração do ato infracional e aos dos procedimentos de apuração de outros atos infracionais atribuídos ao mesmo adolescente". Recorda-se que o acesso às informações contidas nos processos de apuração de ato infracional é proibido. Todavia, o acesso aos documentos de que trata o art. 57, da referida lei, "deverá ser realizado por funcionário da entidade de atendimento, devidamente credenciado para tal atividade, ou por membro da direção, em conformidade com as normas a serem definidas pelo Poder Judiciário, de forma a preservar o que determinam os arts. 143 e 144 do ECA" (§ 1º).

Para a confecção do PIA a direção poderá requisitar, ainda: "I – ao estabelecimento de ensino, o histórico escolar do adolescente e as anotações sobre o seu aproveitamento; II – os dados sobre o resultado de medida anteriormente aplicada e cumprida em outro programa de atendimento; e III – os resultados de acompanhamento especializado anterior" (§ 2º do art. 57).

Finalmente, "por ocasião da reavaliação da medida, é obrigatória a apresentação pela direção do programa de atendimento de relatório da equipe técnica sobre a evolução do adolescente no cumprimento do plano individual" (art. 58). O acesso ao PIA será restrito aos servidores do respectivo programa de atendimento, ao adolescente e a seus pais ou responsável, ao Ministério Público e ao defensor, exceto por expressa autorização judicial (art. 59).

Em suma, o SINASE pretende suprir uma lacuna do Estatuto da Criança e do Adolescente no que diz respeito à execução das medidas socioeducativas.[76] Espera-se que haja uma retaguarda efetiva (de programas, ações e instituições) para que juízes, promotores de justiça, defensores e demais operadores do sistema de garantias possam, com êxito, ver atendidos os objetivos do Estatuto e do SINASE, respeitadas as garantias processuais de natureza penal a que tem direito o adolescente autor do ato infracional.

76. Cf. Wilson Donizeti Liberati, *Processo Penal Juvenil – A Garantia da Legalidade na Execução de Medida Socioeducativa*, cit., p. 169.

Quadro Sinótico Comparativo
entre a Lei 6.697/1979
(Código de Menores e Política Nacional do Bem-Estar do Menor)
e a Lei 8.069/1990 (Estatuto da Criança e do Adolescente)

Aspecto considerado	Lei 6.697/1979	Lei 8.069/1990
Base doutrinária	Direito Tutelar do Menor: os menores são objeto de medidas judiciais quando se encontram em situação irregular, assim definida legalmente.	Proteção Integral: a lei assegura os direitos de todas as crianças e adolescentes, sem discriminação de qualquer tipo.
A concepção político-social implícita	Trata-se de instrumento de controle social da infância e da adolescência vítimas das omissões e transgressões da família, da sociedade e do Estado em seus direitos básicos.	Trata-se de instrumento de desenvolvimento social voltado para o conjunto da população e da juventude do País, garantindo proteção especial àquele segmento considerado pessoal e socialmente mais sensível.
Visão da criança e do adolescente	Menor em situação irregular: objeto de medidas judiciais.	Sujeito de direitos: condição peculiar de pessoa em desenvolvimento.
Posição do juiz	A lei não exige fundamentação das decisões relativas à apreensão e confinamento de menores. É subjetiva.	Garante à criança e ao adolescente o direito à ampla defesa, com todos os recursos a ele inerentes. Limita os poderes do juiz.
Em relação à apreensão	É antijurídica. Preconiza a prisão cautelar, hoje inexistente para adultos.	Restringe a apreensão apenas a dois casos: (a) flagrante delito de ato infracional; (b) ordem expressa e fundamentada do juiz.
Objetivo	Dispor sobre a assistência a menores entre 0 e 18 anos que se encontrem em situação irregular; e entre 18 e 21 anos, nos casos previstos em lei, através da aplicação de medidas preventivas e terapêuticas.	Garantia dos direitos pessoais e sociais através da criação de oportunidades e facilidades a fim de facilitar o desenvolvimento físico, mental, moral, espiritual e social em condições de liberdade e dignidade.
Efetivação das políticas sociais	As medidas previstas restringem-se ao âmbito: (a) da Política do Bem-Estar do Menor (FUNABEM e congêneres); (b) segurança pública; c) Justiça de Menores.	Políticas básicas; políticas assistenciais (em caráter supletivo); serviços de proteção e defesa das crianças e adolescentes vitimizados; proteção jurídico-social.

Aspecto considerado	Lei 6.697/1979	Lei 8.069/1990
Princípios estruturadores da política de atendimento	Políticas sociais compensatórias (assistencialismo) e centralizadas.	Municipalização das ações; participação da comunidade organizada na formulação das políticas e no controle das ações (Conselhos de Direitos e Conselhos Tutelares).
Direito de defesa	Considera que o menor acusado de infração penal já é "defendido" pelo curador de menores (promotor de justiça).	Garante ao adolescente a quem se atribua a autoria de ato infracional defesa técnica por profissional habilitado (advogado).
Mecanismos de participação	Não abre espaços à participação de outros atores que limitem os poderes da autoridade policial, judiciária e administrativa.	Prevê instâncias colegiadas de participação (Conselhos paritários – Estado/Sociedade) nos níveis federal, estadual e municipal.
Vulnerabilidade socioeconômica	Os menores carentes, abandonados e delinquentes devem passar pelas mãos do juiz.	Os casos de situação de risco pessoal e social são atendidos por uma instância socioeducacional colegiada: o Conselho Tutelar.
Infração	Todos os casos de infração penal passam pelo juiz.	Os casos de infração que não impliquem grave ameaça ou violência à pessoa podem ser beneficiadas pela *remissão*, pelo Ministério Público, como forma de exclusão ou suspensão do processo.
Internamento	Medida aplicável a crianças e adolescentes por pobreza (manifesta incapacidade dos pais para mantê-los), sem tempo e condições determinados.	Medida só aplicável a adolescentes autores de ato infracional grave, obedecidos os princípios de brevidade, excepcionalidade e respeito à sua condição de pessoas em desenvolvimento.
Caráter social	Penaliza a pobreza, através de mecanismos, como: (a) cassação do pátrio poder; (b) imposição da medida de internamento à criança e aos adolescentes pobres.	A falta ou insuficiência de recursos deixa de ser motivo para perda ou suspensão do poder familiar. Através do Conselho Tutelar, desjudicionaliza os casos exclusivamente sociais.

MEDIDAS PUNITIVAS: INTERVENÇÃO REPRESSIVA DO ESTADO   147

Aspecto considerado	Lei 6.697/1979	Lei 8.069/1990
Crimes e infrações cometidos contra crianças e adolescentes	É omisso a respeito.	Pune o abuso do poder familiar, das autoridades e dos responsáveis pelas crianças e jovens.
Fiscalização do cumprimento da lei	Não há fiscalização do Judiciário por qualquer instância governamental ou não governamental. Da mesma forma, os órgãos do Executivo não executam, via de regra, uma política de participação e transparência.	Prevê a participação ativa da comunidade e, através dos mecanismos de defesa e proteção dos interesses difusos e coletivos, pode levar as autoridades omissas ou transgressoras ao banco dos réus.
Internação provisória	É, na acepção do Código de Menores, medida das mais rotineiras.	Só haverá internação provisória em caso de crime cometido com grave ameaça ou violência à pessoa.
Política de atendimento	O Código tem como retaguarda dos juízes a FUNABEM e suas congêneres estaduais – FEBEMs.	O Estatuto prevê a extinção da FUNABEM e estabelece um conjunto articulado de ações governamentais e não governamentais da União, dos Estados, do Distrito Federal e dos Municípios.
Funcionamento da política de atendimento	A política é traçada pela FUNABEM e executada nos Estados pela FEBEM, com apoio técnico e financeiro do órgão nacional.	A política é traçada em cada nível e suportada financeiramente pelos fundos estabelecidos em lei, com ênfase na municipalização das ações.
Estrutura	FUNABEM, FEBEM, Segurança Pública, Justiça de Menores, programas municipais e comunitários.	Conselhos paritários, fundos e coordenação técnicas em todos os níveis: União, Estados e Municípios.
Elaboração	O Código foi elaborado por um seleto grupo de juristas.	O Estatuto foi elaborado a milhares de mãos pelo movimento social em favor da criança e do adolescente, com apoio técnico-jurídico de um grupo de juristas da Magistratura, dos Ministérios Públicos e da FUNABEM.

6
CONSIDERAÇÕES FINAIS

No decorrer da História, os mecanismos de intervenção do Estado em resposta ao ato infracional praticado por menores de 18 anos foram caracterizados pela função assistencial, protetiva e curativa.

Os documentos internacionais que consagraram os direitos infantojuvenis abordaram o tema com parcimônia e, às vezes, com simples conteúdo programático.

Pelo estudo desenvolvido, notou-se que os tratados, convenções, pactos, regras e diretrizes estabeleceram parâmetros de garantia de direitos ou de procedimentos, principalmente quando tratavam de indicações referentes à prevenção ou diminuição da criminalidade infantojuvenil, da administração da Justiça Juvenil ou sugerindo um conjunto de ações que garantissem os direitos fundamentais dos jovens privados de liberdade, não se importando em definir a natureza jurídica das medidas efetivamente aplicadas aos jovens.

Pode-se dizer que, no âmbito internacional, o documento que mais se aproximou de uma definição jurídica das medidas aplicadas aos jovens infratores foram as *Regras de Beijing*. No entanto, esse documento apenas tangenciou o tema, deixando para os Estados-Membros a tarefa de encontrar definição mais adequada do objetivo pelo qual aplicavam as medidas em seus sistemas de Justiça.

Enfim, não se encontraram nos documentos internacionais indicações da definição jurídica das medidas que deveriam ser aplicadas aos infratores menores de 18 anos de idade.

Na análise da legislação pátria, excluindo-se do estudo as disposições do Código Criminal do Império (1830) e do Código Penal da República (1890), constatou-se que a intervenção do Estado em resposta

CONSIDERAÇÕES FINAIS

à prática da infração penal por menores de 18 anos sempre se apresentou com forte natureza assistencial.

Desde o Decreto 17.943-A/1927 as medidas eram aplicadas com o objetivo de proteger, reeducar, ressocializar e reintegrar o infrator na estrutura social da convivência comunitária, mesmo que para isso fosse necessário aplicar a medida de internação numa instituição. Sob este pretexto, o infrator era punido com a privação da liberdade.

Pode-se dizer que esta consideração assistencial foi motivada pela ausência de comprometimento ou de reconhecimento do *status* de protagonista da criança e do adolescente em relação ao seu direito, que surgiu, mais fortemente, com as disposições do Estatuto da Criança e do Adolescente.

Essa tendência assistencial foi seguida pela Lei 6.697/1979, que instituiu o Código de Menores, que tentou sistematizar uma nova abordagem, diferente daquela vigente desde o Decreto 17.943-A/1927. Essa nova política de atendimento ficou conhecida como *Doutrina da Situação Irregular*, que considerava os menores de 18 anos de idade passíveis de serem submetidos a "tratamento social", em virtude de privação das condições essenciais à sua subsistência, até em razão de sua própria conduta, que significava, naquele caso, serem autores de infração penal.

Essa lei trouxe um avanço, firmado pela estruturação de um *direito do menor*, como disciplina autônoma na ciência do Direito, preocupada com estudar os fatos sociais que representassem a composição biopsicossocial do menor, objetivando seu bem-estar.

No mais, a Lei 6.697/1979 preferiu manter distante a discussão sobre o caráter sancionatório-punitivo das medidas que aplicava aos menores de 18 anos, preferindo privilegiar sua execução, que nada teve de extraordinário, a não ser uma maior e efetiva participação da autoridade judiciária no controle das medidas aplicadas.

Por fim, a Lei 8.069/1990, denominada de *Estatuto da Criança e do Adolescente*, traz um rol de medidas, denominadas "socioeducativas", destinadas exclusivamente aos adolescentes autores de ato infracional. Embora o Estatuto tenha trazido uma abordagem mais científica sobre a garantia dos direitos da criança e do adolescente, deixou uma lacuna irreparável ao não definir a natureza jurídica das citadas medidas.

Mas, ao mesmo tempo em que firma o compromisso da garantia total dos direitos da criança e do adolescente, constituindo-os protagonistas de seus próprios direitos, o Estatuto chama o adolescente autor de ato infracional à responsabilidade, aplicando-lhe sanções pelo descumprimento de seus mandamentos e das demais leis de nosso ordenamento jurídico.

Em verdade, o Estatuto não pretendeu dar caráter punitivo-retributivo às medidas socioeducativas. Porém, outro significado não pode ser dado àquelas medidas.

De fato, definitivamente, o Estatuto não seguiu as normas anteriores, que outorgavam natureza protetiva, assistencial, curativa ou de tratamento aos infratores menores de 18 anos. Também não se pode dizer que o Estatuto pretendeu ou autorizou a aplicação das medidas socioeducativas com natureza de ressocialização, readaptação ou reinserção no convívio social, reabilitação ou outro "re" que sugerisse seu retorno à participação na vida social.

Com a garantia da completude de direitos, mesmo tendo agido de conformidade com a lei, principalmente a de natureza penal, o adolescente autor de ato infracional não deixa de ser um componente da sociedade, não podendo, de maneira alguma, dela ser excluído. Pensar de outra forma seria relegar os infratores menores de 18 anos a uma subcategoria de cidadãos, alijados, inclusive, da obrigação de cumprir as leis.

Assim, embora não seja específico na determinação da natureza jurídica das medidas socioeducativas, o Estatuto propõe uma releitura sobre a prática do ato infracional, separando o procedimento pela fixação de critério etário; e, principalmente, destina as medidas socioeducativas somente aos adolescentes considerados autores de infração penal.

Esse salto de qualidade na definição de parâmetros precisos do novo direito da criança e do adolescente conduz à conclusão de que, embora tímido, o Estatuto da Criança e do Adolescente quis dar nova dimensão às medidas aplicadas aos infratores menores de 18 anos. Essa nova perspectiva, sem dúvida, retrata o caráter impositivo (coercitivo), sancionatório e retributivo das medidas socioeducativas. É *impositivo* porque a medida é aplicada independentemente da vontade do infrator – com exceção daquelas aplicadas em sede de remissão, que têm finalidade transacional. É *sancionatório* porque, com a ação ou omissão, o infrator quebrou a regra de convivência dirigida a todos. É *retributivo* por ser resposta ao ato infracional praticado.

Desse modo, o adolescente autor de ato infracional "responde" pela prática do ato infracional, frente às disposições contidas no Estatuto da Criança e do Adolescente, assim como nas demais regras de controle social. Ou seja, o adolescente será coagido a ajustar sua conduta, por meio de ações do poder estatal, em virtude do ilícito praticado.

Por outro lado, a resposta do Estado à prática do ato infracional por adolescente recebe tratamento misto, ou seja, não tem somente as características acima mencionadas. Além delas, as medidas socioeducativas, como o próprio nome sugere, são aplicadas com finalidade educativa e de inibição da reincidência. Ou seja, os métodos para sua aplicação devem incluir a assistência de profissionais ligados à área social, pedagógica, psicológica, psiquiátrica e outras, possibilitando sua integração na família e na comunidade (ECA, art. 100), consolidando, assim, a garantia de todos os direitos constitucionalmente assegurados.

Com o advento da Lei 12.594/2012, que institui o Sistema Nacional de Atendimento Socioeducativo – SINASE, fecha-se uma grande lacuna na legislação pátria no que diz respeito à execução de medida socioeducativa: a do espontaneísmo na execução de medida socioeducativa. Pela novel lei o juiz poderá construir um processo de execução cercado pelas garantias do devido processo legal, exigindo-se que se faça o Plano Individual de Atendimento que contenha todas as garantias e atividades previstas na lei.

Agora, tanto a autoridade judiciária quanto os técnicos e gerentes de entidades de atendimento de medidas socioeducativas deverão cumprir a lei, para proporcionar que o procedimento da execução de medida socioeducativa siga os limites constitucionais.

De tudo o que foi dito sobre as medidas socioeducativas, pode-se concluir que elas representam a manifestação do Estado em resposta ao ato infracional praticado por menores de 18 anos, de natureza jurídica impositiva, sancionatória e retributiva, cuja aplicação objetiva inibir a reincidência, desenvolvidas com finalidade pedagógico-educativa.

Por fim, pode-se dizer que tanto a ordem internacional quanto as leis nacionais tendem a considerar a criança e o adolescente como pessoas mais frágeis. Isto elas o são de fato, inclusive com o reconhecimento exposto no Estatuto: *são pessoas em situação peculiar de desenvolvimento*. Não são, por isso, subcidadãos. Dentro de sua incompletude ou imaturidade física, mental e emocional, são considerados titulares de seus próprios direitos. Isso faz com que o protagonista do direito da criança e do adolescente mereça diferenciada atenção quando entra em conflito com a lei. Porém, isso não quer dizer que o jovem infrator não sofrerá qualquer sanção ou reprimenda legal. Será, sim, responsável pelas ações ou omissões praticadas em afronta à lei, mas terá a oportunidade de, por meio das medidas que lhe serão aplicadas, ajustar sua conduta atual e futura, para a regularidade da convivência comunitária, sem ferir direitos ou interesses alheios.

BIBLIOGRAFIA

ABBAGNANO, Nicola. *Dicionário de Filosofia*. São Paulo, Mestre Jou, 1970.

ALBERGARIA, Jason. *Comentários ao Estatuto da Criança e do Adolescente*. Rio de Janeiro, AIDE, 1991.

_____, CAVALLIERI, Alyrio, e CHAVES, Antônio. *Notas Interpretativas ao Código de Menores*. Rio de Janeiro, Forense, 1980.

AMARAL E SILVA, Antônio Fernando do. "A Justiça da Infância e da Juventude". In: *Brasil Criança Urgente: a Lei*. São Paulo, Columbus Cultural, 1989.

_____. "O mito da inimputabilidade penal e o Estatuto da Criança e do Adolescente". *Revista da Escola Superior da Magistratura do Estado de Santa Catarina* novembro/1998. Florianópolis, 1998.

_____. *O Novo Direito da Criança e do Adolescente e a Justiça da Infância e da Juventude*. Florianópolis, Diretoria de Documentação e Publicações do TJSC, 1996.

AMARANTE, Napoleão Xavier do. In: CURY, Munir (coord.). *Estatuto da Criança e do Adolescente Comentado: Comentários Jurídicos e Sociais*. 11ª ed. São Paulo, Malheiros Editores, 2010 (pp. 492-495).

BASTOS, Celso. *Comentários à Constituição do Brasil*. São Paulo, Saraiva, 1989.

BELOFF, Mary, e MENDÉZ, Emílio García. *Infancia, Ley e Democracia*. Buenos Aires, Depalma, 1998.

BETTIOL, Giuseppe. *Direito Penal*. vol. I. São Paulo, Ed. RT, 1977.

BRANCHER, Leoberto Narciso. "Organização e gestão do sistema de garantia de direitos da infância e da juventude". In: *Encontros pela Justiça na Educação*. Brasília, FUNDESCOLA/MEC, 2001.

CARVALHO, Francisco Pereira de Bulhões. *Direito do Menor*. Rio de Janeiro, Forense, 1977.

CAVALLIERI, Alyrio. *Direito do Menor*. Rio de Janeiro, Freitas Bastos, 1978.

_____, ALBERGARIA, Jason, e CHAVES, Antônio. *Notas Interpretativas ao Código de Menores*. Rio de Janeiro, Forense, 1980.

CHAVES, Antônio. *Comentários ao Estatuto da Criança e do Adolescente*. São Paulo, LTr, 1994.

_____, ALBERGARIA, Jason, e CAVALLIERI, Alyrio. *Notas Interpretativas ao Código de Menores*. Rio de Janeiro, Forense, 1980.

CINTRA, Antônio Carlos de Araújo, DINAMARCO, Cândido Rangel, e GRINOVER, Ada Pellegrini. *Teoria Geral do Processo*. 27ª ed. São Paulo, Malheiros Editores, 2011.

COELHO, José Manoel. In: MARQUES, João Benedito de Azevedo, e SALES, Claudino. *Código de Menores: Justificativa ao Substitutivo do Projeto do Código de Menores*. Brasília, Senado Federal, 1982 (*DCN* 10.6.1976, Seção 1, p. 383, supl.).

CONDE, Francisco Muñoz. *Teoria Geral do Delito*. Porto Alegre, Sérgio Antônio Fabris Editor, 1988.

CONRAD, Robert. *Os Últimos Anos da Escravatura no Brasil: 1858-1888*. 2ª ed., trad. de Fernando de Castro Ferro. Rio de Janeiro, Civilização Brasileira, 1978.

CORRÊA JR., Alceu, e SHECAIRA, Sérgio Salomão. *Pena e Constituição: Aspectos Relevantes para sua Aplicação e Execução*. São Paulo, Ed. RT, 1995.

COSTA, A. Campos, e LOPES, J. Seabra. *Organização Tutelar de Menores*. Coimbra, Livraria Almedina, 1962.

COSTA, Ana Paula Motta. *As Garantias Processuais e o Direito Penal Juvenil como Limite na Aplicação da Medida Socioeducativa de Internação*. Porto Alegre, Livraria do Advogado, 2005.

COSTA, Antônio Carlos Gomes da. *De Menor a Cidadão*. Brasília, Centro para a Infância e Adolescência, s/d.

_____. In: CURY, Munir (coord.). *Estatuto da Criança e do Adolescente Comentado: Comentários Jurídicos e Sociais*. 11ª ed. São Paulo, Malheiros Editores, 2010 (pp. 58-59 e 584).

_____. "Infância, juventude e política social no Brasil". In: *Brasil Criança Urgente: a Lei*. São Paulo, Columbus Cultural, 1990.

_____. "Natureza e implantação do novo direito da criança e do adolescente". In: PEREIRA, Tânia da Silva (coord.). *Estatuto da Criança e do Adolescente: Estudos Sócio-Jurídicos*. Rio de Janeiro, Renovar, 1992.

CURY, Munir, MARÇURA, Jurandir Norberto, e PAULA, Paulo Afonso Garrido de. *Estatuto da Criança e do Adolescente Anotado*. 2ª ed. São Paulo, Ed. RT, 2000.

CURY, Munir (coord.). *Estatuto da Criança e do Adolescente Comentado: Comentários Jurídicos e Sociais*. 11ª ed. São Paulo, Malheiros Editores, 2010.

CYRINO, Públio Caio Bessa, e LIBERATI, Wilson Donizeti. *Conselhos e Fundos no Estatuto da Criança e do Adolescente*. 2ª ed. São Paulo, Malheiros Editores, 2003.

D'AGOSTINI, Sandra Mári Córdova. *Adolescente em Conflito com a Lei...& a Realidade*. Curitiba, Juruá, 2003.

D'ANTONIO, Daniel Hugo. *Derecho de Menores*. Buenos Aires, Astrea, 1986.

DE PLÁCIDO e SILVA. *Vocabulário Jurídico*. Rio de Janeiro, Forense, 1982.

DEL SOLAR, José H. González. *Delincuencia y Derecho de Menores: Aportes para una Legislación Integral*. Buenos Aires, Depalma, 1995.

DENARI, Cecília Guarnieri (coord.). *Manual de Orientação Bibliográfica e Normatização de Trabalhos Acadêmicos e Científicos da UNOESTE*. Presidente Prudente, Unoeste, 1999.

DINAMARCO, Cândido Rangel, CINTRA, Antônio Carlos de Araújo, e GRINOVER, Ada Pellegrini. *Teoria Geral do Processo*. 27ª ed. São Paulo, Malheiros Editores, 2011.

DOTTI, René Ariel. *Bases e Alternativas para o Sistema de Penas*. São Paulo, Ed. RT, 1998.

DWORKIN, Ronald. *A Matter of Principle*. Cambridge, Harvard University Press, 1985.

ELIAS, Roberto João. *Comentários ao Estatuto da Criança e do Adolescente*. São Paulo, Saraiva, 1994.

EYDOUX, Henri-Paul. *À Procura dos Mundos Perdidos: as Grandes Descobertas Arqueológicas*. São Paulo, Melhoramentos/EDUSP, 1973.

FERREIRA, Aurélio Buarque de Holanda. *Novo Dicionário Aurélio da Língua Portuguesa*. 1ª ed. Rio de Janeiro, Nova Fronteira, 1975.

FERREIRA, Rosa Maria Fisher. *Meninos da Rua: Valores e Expectativas de Menores Marginalizados em São Paulo*. São Paulo, Ibrex, 1980.

FERREIRA FILHO, Manoel Gonçalves. *Direitos Humanos Fundamentais*. 3ª ed. São Paulo, Saraiva, 1999.

FRAGOSO, Heleno Cláudio. *Lições de Direito Penal: a Nova Parte Geral*. 7ª ed. Rio de Janeiro, Forense, 1985.

FRASSETO, Flávio Américo. "Ato infracional, medida socioeducativa e processo: a nova jurisprudência do STJ". *Revista Igualdade* 9-33. Curitiba, Ministério Público do Estado do Paraná, outubro-dezembro/2001.

FREDERICO MARQUES, José. *Tratado de Direito Penal. Parte Especial*. vol. 4. São Paulo, Saraiva, 1961.

GAGLIARI, Pedro. *Menores e Criminalidade: o que Fazer?: um Estudo sobre a Criminalidade do Menor*. S/l., s/n.

GOMES, Luiz Flávio. *Penas e Medidas Alternativas à Prisão*. São Paulo, Ed. RT, 1999.

GOMIDE, Paula. *Menor Infrator a Caminho de um Novo Tempo*. Curitiba, Juruá, 1990.

GRINOVER, Ada Pellegrini, CINTRA, Antônio Carlos de Araújo, e DINAMARCO, Cândido Rangel. *Teoria Geral do Processo*. 27ª ed. São Paulo, Malheiros Editores, 2011.

GRÜNSPUN, Haim. *Os Direitos dos Menores*. São Paulo, Almed, 1985.

GUSMÃO, Alberto Cavalcanti. *Código de Menores*. Brasília, Senado Federal, 1982.

GUSMÃO, Saul de. *Proteção à Infância*. Rio de Janeiro, Imprensa Oficial, 1941.

HUNGRIA, Nelson. *Comentários ao Código Penal*. 3ª ed., vol. 1. Rio de Janeiro, Forense, 1955.

JASMIN, Marcelo Gantus. "Para uma história da legislação sobre o menor". *Revista de Psicologia* 4/81-103. Fortaleza, julho-dezembro/1986.

LEAL, César Barros. *A Delinquência Juvenil: seus Fatores Exógenos e Prevenção*. Rio de Janeiro, AIDE, 1983.

LIBERATI, Wilson Donizeti. *Comentários ao Estatuto da Criança e do Adolescente*. 11ª ed. São Paulo, Malheiros Editores, 2010.

_____. *Direito da Criança e do Adolescente*. 3ª ed. São Paulo, Rideel, 2008.

_____. "Inimputabilidade – Medida socioeducativa de internação – Prescrição – Questões do Estatuto da Criança e do Adolescente". *Revista Igualdade* 3/5-9. Curitiba, Ministério Público do Estado do Paraná, abril-junho/1994.

_____. *Processo Penal Juvenil – A Garantia da Legalidade na Execução de Medida socioeducativa*. São Paulo, Malheiros Editores, 2006.

_____, e CYRINO, Públio Caio Bessa. *Conselhos e Fundos no Estatuto da Criança e do Adolescente*. 2ª ed. São Paulo, Malheiros Editores, 2003.

LIMA, A. Sabóia da Silva. *Relatório do Juízo de Menores do Distrito Federal*. Rio de Janeiro, Imprensa Oficial, 1937.

LOPES, J. Seabra, e COSTA, A. Campos. *Organização Tutelar de Menores*. Coimbra, Livraria Almedina, 1962.

MACEDO, Sérgio Diogo Teixeira de. *Crônica do Negro no Brasil*. Rio de Janeiro, Record, 1974.

MACHADO, Antônio Luiz Ribeiro. *Código de Menores Comentado*. São Paulo, Saraiva, 1986.

MAGALHÃES NORONHA, Edgard. *Direito Penal*. 15ª ed., vol. 2. São Paulo, Saraiva, 1978.

MALUF, Sahid. *Direito Constitucional*. 14ª ed. São Paulo, Sugestões Literárias, 1982.

MARCHESAN, Ana Maria Moreira. "O princípio da prioridade absoluta aos direitos da criança e do adolescente e a discricionariedade administrativa".

Revista Igualdade 6-21. Curitiba, Ministério Público do Estado do Paraná, 1998.

MARÇURA, Jurandir Norberto, CURY, Munir, e PAULA, Paulo Afonso Garrido de. *Estatuto da Criança e do Adolescente Anotado*. 2ª ed. São Paulo, Ed. RT, 2000.

MARQUES, João Benedito de Azevedo. *Marginalização: Menor e Criminalidade*. São Paulo, McGraw-Hill, 1976.

_____, e SALES, Claudino. *Código de Menores: Justificativa ao Substitutivo do Projeto do Código de Menores*. Brasília, Senado Federal, 1982 (*DCN* 10.6.1976, Seção 1, p. 383, supl.).

MARREY, Adriano. *Menores*. São Paulo, Associação Paulista de Magistrados, 1980.

MARTINS, Anísio Garcia. *Direito do Menor*. São Paulo, LEUD, 1988.

MAZZUOLI, Valério de Oliveira. *Direito Internacional: Tratados e Direitos Humanos Fundamentais na Ordem Jurídica Brasileira*. Rio de Janeiro, América Jurídica, 2001.

_____. *Tratados Internacionais*. São Paulo, Ed. Juarez de Oliveira, 2001.

MELO, Floro de Araújo. *A História da História do Menor no Brasil*. Rio de Janeiro, s/n., 1986.

MENDÉZ, Emílio García. In: CURY, Munir (coord.). *Estatuto da Criança e do Adolescente Comentado: Comentários Jurídicos e Sociais*. 11ª ed. São Paulo, Malheiros Editores, 2010 (pp. 581-583).

_____. "Legislação de menores na América Latina: uma doutrina em situação irregular". *Cadernos de Direito da Criança e do Adolescente 2*. 2ª ed. Recife, 1998.

_____. *Liberdade, Respeito, Dignidade*. Brasília, UNICEF, 1991.

_____, e BELOFF, Mary. *Infancia, Ley e Democracia*. Buenos Aires, Depalma, 1998.

MIRABETE, Júlio Fabbrini. *Manual de Direito Penal*. vol. 2. São Paulo, Atlas, 1987.

_____. "Pena no Estatuto pode gerar controvérsia". In: *O Estado de S. Paulo* 12.8.1990. São Paulo.

MORAES, Alexandre de. *Direitos Humanos Fundamentais*. 3ª ed. São Paulo, Atlas, 2000.

MORAES, Walter. *Programa de Direito do Menor*. São Paulo, Cultural Paulista, 1984.

NOGUEIRA, Paulo Lúcio. *Comentários ao Código de Menores*. São Paulo, Saraiva, 1988.

OLIVA, José Roberto Dantas. *O Princípio da Proteção Integral e o Trabalho da Criança e do Adolescente no Brasil*. São Paulo, LTr, 2006.

PAULA, Paulo Afonso Garrido de. "Medidas aplicáveis ao menor infrator". In: CURY, Munir (Coord.). *Temas de Direito do Menor: Medidas Aplicáveis ao Menor Infrator*. São Paulo, Ed. RT, 1987.

_____. *Menores, Direito e Justiça: Apontamentos para um Novo Direito das Crianças e dos Adolescentes*. São Paulo, Ed. RT, 1989.

_____, CURY, Munir, e MARÇURA, Jurandir Norberto. *Estatuto da Criança e do Adolescente Anotado*. 2ª ed. São Paulo, Ed. RT, 2000.

PEREIRA, Tânia da Silva. "A Convenção e o Estatuto: um ideal comum de proteção ao ser humano em vias de desenvolvimento". In: PEREIRA, Tânia da Silva (coord.). *Estatuto da Criança e do Adolescente: Lei 8.069/1990 – Estudos Sócio-Jurídicos*. Rio de Janeiro, Renovar, 1992.

_____. *Direito da Criança e do Adolescente: uma Proposta Interdisciplinar*. Rio de Janeiro, Renovar, 1996.

_____. "Infância e adolescência: uma visão histórica de sua proteção social e jurídica no Brasil". In: TEIXEIRA, Sálvio de Figueiredo (coord.). *Direitos de Família e do Menor*. 3ª ed. Belo Horizonte, Del Rey, 1993.

_____ (coord.). *Estatuto da Criança e do Adolescente: Estudos Sócio-Jurídicos*. Rio de Janeiro, Renovar, 1992.

_____. *O Melhor Interesse da Criança: um Debate Interdisciplinar*. Rio de Janeiro, Renovar, 1999.

PILOTTI, Francisco. "Crise e perspectiva da assistência à infância na América Latina". In: PILOTTI, Francisco, e RIZZINI, Irene. *A Arte de Governar Crianças*. Rio de Janeiro, Instituto Interamericano del Niño, 1995.

_____, e RIZZINI, Irene. *A Arte de Governar Crianças*. Rio de Janeiro, Instituto Interamericano del Niño, 1995.

PIOVESAN, Flávia. *Direitos Humanos e o Direito Constitucional Internacional*. 4ª ed. São Paulo, Max Limonad, 2000.

PRADO, Luiz Régis. *Curso de Direito Penal Brasileiro: Parte Geral*. 2ª ed. São Paulo, Ed. RT, 2000.

QUEIROZ, J. J., e outros. *O Mundo do Menor Infrator*. São Paulo, Cortez, 1983.

RAMIDOFF, Mário Luiz. *Lições de Direito da Criança e do Adolescente – Ato Infracional e Medidas Socioeducativas*. Curitiba, Juruá, 2006.

REALE JR., Miguel. *Novos Rumos do Sistema Criminal*. Rio de Janeiro, Forense, 1983.

RIZZINI, Irene, e PILOTTI, Francisco. *A Arte de Governar Crianças*. Rio de Janeiro, Instituto Interamericano del Niño, 1995.

RIZZINI, Irma. "A assistência à infância na passagem para o século XX: da repressão à reeducação". *Revista Fórum Educacional* 20. 1990.

ROSA, Alexandre Morais da. *Direito Infracional: Garantismo, Psicanálise e Movimento Antiterror*. Florianópolis, Habitus Editora, 2005.

SALES, Claudino, e MARQUES, João Benedito de Azevedo. *Código de Menores: Justificativa ao Substitutivo do Projeto do Código de Menores*. Brasília, Senado Federal, 1982 (*DCN* 10.6.1976, Seção 1, p. 383, supl.).

SARAIVA, João Batista da Costa. "A idade e as razões: não ao rebaixamento da imputabilidade penal". *Revista Brasileira de Ciências Criminais* 5-18. São Paulo, abril-junho/1997.

_____. *Adolescente e Ato Infracional: Garantias Processuais e Medidas Socioeducativas*. Porto Alegre, Livraria do Advogado, 1999.

SCHMALLEGER, Frank. *Criminal Justice Today: an Introductory Text for the Twenty-First Century*. 5ª ed. New Jersey, Prentice Hall, 1997.

SÊDA, Edson. "A mutação municipal". In: *Brasil Criança Urgente: a Lei*. São Paulo, Columbus Cultural, 1990.

_____. *O Direito e os Direitos da Criança e do Adolescente*. Apostila. 1990.

SENNA, Joseph, e SIEGEL, Larry. *Juvenile Delinquency*. Nova York, Publishing Co., 1997.

SHECAIRA, Sérgio Salomão, e CORRÊA JR., Alceu. *Pena e Constituição: Aspectos Relevantes para sua Aplicação e Execução*. São Paulo, Ed. RT, 1995.

SIEGEL, Larry, e SENNA, Joseph. *Juvenile Delinquency*. Nova York, Publishing Co., 1997.

SILVA, José Afonso da. *Poder Constituinte e Poder Popular: Estudos sobre a Constituição*. 1ª ed., 3ª tir. São Paulo, Malheiros Editores, 2007.

SILVA, Moacyr Motta da, e VERONESE, Josiane Rose Petry. *A Tutela Jurisdicional dos Direitos da Criança e do Adolescente*. São Paulo, LTr, 1998.

SILVA, Roberto B. da. *A Remissão para Exclusão do Processo como Direito dos Adolescentes. Uma Interpretação Conforme a Constituição*. Porto Alegre, Sérgio Antônio Fabris Editor, 2003.

SIQUEIRA, Liborni. *Liturgia do Amor Maior*. Rio de Janeiro, Liber Juris, 1979.

_____. *Sociologia do Direito do Menor*. Rio de Janeiro, Âmbito Cultural, 1979.

SOTTO MAIOR, Olympio de Sá. In: CURY, Munir (coord.). *Estatuto da Criança e do Adolescente Comentado: Comentários Jurídicos e Sociais*. 11ª ed. São Paulo, Malheiros Editores, 2010 (pp. 534-538).

TAPPAN, W. *Juvenile Delinquency*. Nova York, McGraw-Hill, 1949.

TELES, Ney Moura. *Direito Penal. Parte Geral I*. 2ª ed. São Paulo, Atlas, 1998.

TOLEDO, Francisco de Assis. *Princípios Básicos de Direito Penal*. 5ª ed. São Paulo, Saraiva, 1994.

TUCCI, Rogério Lauria. *Princípios e Regras Orientadoras do Novo Processo Penal Brasileiro*. Rio de Janeiro, Forense, 1986.

VERONESE, Josiane Rose Petry. "Discriminação e atentados ao exercício da cidadania da criança e do adolescente". In: PEREIRA, Tânia da Silva (coord.).

O Melhor Interesse da Criança: um Debate Interdisciplinar. Rio de Janeiro, Renovar, 1999.

_____. *Os Direitos da Criança e do Adolescente.* São Paulo, LTr, 1999.

_____. *Temas de Direito da Criança e do Adolescente.* São Paulo, LTr, 1997.

_____, e SILVA, Moacyr Motta da. *A Tutela Jurisdicional dos Direitos da Criança e do Adolescente.* São Paulo, LTr, 1998.

VITA, Luís Washington. *Introdução à Filosofia.* São Paulo, Melhoramentos, 1964.

VOLPI, Mário (org.). *O Adolescente e o Ato Infracional.* São Paulo, Cortez, 1997.

* * *